Saber Horrível

TEMPO RUIM

ANITA GANERI

BRR!

Ilustrações de
MIKE PHILLIPS

Tradução de
ANTONIO CARLOS VILELA

Editora Melhoramentos

Dados Internacionais de Catalogação na Publicação (CIP)
(Câmara Brasileira do Livro, SP, Brasil)

Ganeri, Anita
   Tempo ruim / Anita Ganeri; ilustrado por Mike Phillips; [tradução Antonio Carlos Vilela]. – 3. ed. – São Paulo: Editora Melhoramentos, 2021. – (Saber horrível)

   Título original: Stormy weather
   ISBN 978-65-5539-324-8

   1. Tempo - Literatura infantojuvenil I. Phillips, Mike. II. Título III. Série.

21-68196   CDD-028.5

Índices para catálogo sistemático:
1. Tempo: Literatura infantil 028.5
2. Tempo: Literatura infantojuvenil 028.5

Maria Alice Ferreira – Bibliotecária – CRB-8/7964

Título original em inglês: *Stormy Weather*
Tradução de Antonio Carlos Vilela
Diagramação: Carlos Magno
Consultoria técnica: Renato Horácio Pino e David Terra

Publicado originalmente por Scholastic Ltd., Inglaterra, 1999
Texto © Anita Ganeri
Ilustrações © Mike Phillips

Direitos de Publicação:
© 2006, 2011, 2021 Editora Melhoramentos Ltda.
Todos os direitos reservados.

3.ª edição, setembro de 2021
ISBN: 978-65-5539-324-8

Atendimento ao consumidor:
Caixa Postal 729 – CEP 01031-970
São Paulo – SP – Brasil
Tel.: (11) 3874-0880
www.editoramelhoramentos.com.br
sac@melhoramentos.com.br

Impresso no Brasil
Impresso na BMF Gráfica e Editora

Sumário

Introdução 5
Tempestade assassina 9
Atmosfera assombrosa 18
Ventos violentos 37
Raios e trovões 58
Tornados tenebrosos 82
Furacões furiosos 107
Meteorologia séria 123
Prevendo tempestades 141
Tempestades legais 151
Um futuro tempestuoso? 159

INTRODUÇÃO

Geografia. Uma grande matéria, não acha? Na verdade, podemos dizer que ela é gigantesca, pois seu campo de estudo abrange o mundo todo – é difícil imaginar algo maior que isso. Infelizmente, alguns professores têm o hábito de transformar a geografia em algo mais chato do que ir ao dentista. Eles não podem fazer nada, pobrezinhos, pois nasceram assim. Se conseguir entrar na sala dos professores, preste atenção como eles conversam entre si, quando não estão cansando a *sua* paciência na sala de aula...

Do que eles estão falando? Bem, o assunto em si não é tão chato como parece. Pessoas normais diriam assim:

Isso mesmo, eles estão falando do tempo – tempo ruim, para ser mais preciso, que é uma das partes mais horrivelmente interessantes da geografia. Para descobrir se há uma tempestade se formando perto de você (sem ter de se levantar ou ligar a TV), tente fazer esta experiência simples: Sorria amistosamente para seu pai e sua mãe e pergunte se eles podem ajudá-lo na lição de casa de geografia. (Eles vão ficar tão surpresos com seu pedido que, é claro, vão ajudar.) Peça para irem até o quintal ou à rua por alguns minutos e então chame-os de volta. Observe-os com atenção. Eles estão...

Caso a resposta seja "sim" para as três perguntas, o tempo pode estar muito ruim pelas bandas onde você mora.

É disso que este livro trata, mas numa linguagem que você *consegue* compreender. De tempo violento o bastante para arrancar um trem dos trilhos, úmido o suficiente para afogar uma cidade e com ventanias fortes a ponto de arrancar árvores do chão. Espalhando tragédias terríveis e difícil sair vivo delas, o tempo ruim faz todo mundo ficar em polvorosa. Em *Tempo Ruim* você vai...

- descobrir qual a sensação de ser atingido por um raio.

- aprender a seguir um tornado assassino.
- entrar no "olho" de um furacão.

- prever o tempo como um verdadeiro meteorologista.*

- descobrir que a geografia não é tão chata assim, afinal. É o que você está prestes a descobrir...

Tempo e clima

Tempo e clima são termos usados pela Meteorologia para explicar o comportamento da atmosfera em diferentes momentos. O tempo em determinada região pode ser considerado a ação de diversos fenômenos atmosféricos (chuva, neve, vento etc.) num curto período. Já o clima é o comportamento da atmosfera por um longo período (vários anos).

TEMPESTADE ASSASSINA

Imagine o que é viver no caminho de uma tempestade tropical. Cerca de 500 milhões de pessoas vivem assim. Suas vidas são viradas de cabeça para baixo pelo tempo mais horrível do planeta. Muitos sabem como é perder tudo – suas casas, seus bens, suas famílias. Na América Central, as pessoas ainda tentam reconstituir suas vidas, arrasadas em 1998 pelo furacão Mitch. A seguir, uma história espantosa, que poderia ser a de um dos sobreviventes dessa terrível tragédia...

Honduras, América Central, outubro-novembro, 1998

Meu nome é Laura Isabel Arriola. Sou professora. Quer dizer, eu era. Não existem mais escolas por aqui. Eu vivia com meu marido e três filhos numa casinha no vilarejo de Barra de Aguan, perto do estuário do rio Aguan.
Mas não vivo mais lá.

Quinta-feira, 29 de outubro

O que aconteceu foi tão terrível que, para mim, é difícil falar a respeito. Mas vou tentar. Quando a grande tempestade chegou, a água subiu como eu nunca tinha visto, e o mar se arremessou em grandes ondas sobre o vilarejo.

Muitas casas foram levadas.

Logo a água chegou à minha casa também, ainda que ela ficasse a meia hora de caminhada do mar. Minha família e eu subimos no telhado do vizinho. Pensamos que, esperando a água baixar, estaríamos em segurança.
Mas não estávamos.
A água veio e nos carregou.
Conseguimos nos agarrar num barco, mas ventava tanto e as ondas eram tão altas que fomos separados. Nunca mais vi meu marido e dois dos meus filhos.
Eu mesma fui atirada ao mar. Eu segurava firmemente meu filhinho, mas o mar o arrancou dos meus braços, tirando-o de mim. Não consigo falar muito a respeito – esse assunto me faz chorar. Procurei ficar boiando, para enxergar por cima da água. Então eu nadei e nadei, tentando encontrar meu filho, tentando chegar a algum lugar seco.
Logo percebi que já estava no mar. Fui puxada para baixo e pensei que ia me afogar. Naquele

momento desejei morrer e assim ficar com meu filho. Então uma onda me ergueu e empurrou para mais longe da praia. Agarrei alguns galhos e raízes de árvores, a parte de cima de um coqueiro, além de uma tábua. Prendi tudo junto e improvisei uma jangada. Segurei-me o melhor que podia. Havia lixo por toda parte. Vi muitos animais mortos e também o corpo de uma criança. Mas não era um dos meus filhos. Todo o tempo o mar me carregava, cada vez mais para longe da costa. Meu coração estava despedaçado. Parecia um pesadelo; o mar estava negro e frio, e eu com medo. Encontrei algumas frutas para comer, boiando naqueles destroços e bebi a água dos cocos que por sorte havia ali, mas os dias se passavam e ninguém vinha me resgatar. Tudo o que eu conseguia ver era mar e céu. À noite, eu olhava para a luz.

Não havia mais terra à vista. O mar estava muito agitado e ficava me derrubando da jangada. As ondas quebravam sobre mim e eu pensava que iria me afogar.

Eu estava absolutamente sozinha. Às vezes conversava com meus filhos e cantava músicas para fazê-los dormir. Isso fazia com que me sentisse perto deles. Às vezes eu gritava durante toda a noite. E todo dia chorava muito. Mas estava sozinha e ninguém me escutava.

Quarta-feira, 4 de novembro – seis dias depois

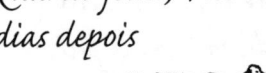

Um dia um patinho nadou até perto da jangada e comecei a falar com ele.

"Patinho, vá avisar as pessoas que eu estou viva", eu disse a ele. "Leve-me até minha família. Leve-me até a praia." Então comecei a chorar de novo e disse: "Por que você não me pega para que eu possa sair daqui voando com você?".

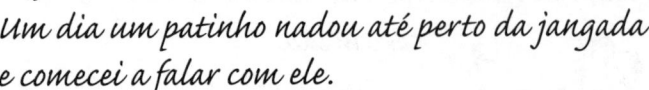

E rezei a Deus para que me mandasse socorro. Deus deve ter me ouvido. Ou foi o meu patinho? Não sei. Tudo o que sei é que não demorou muito, depois disso, para minhas preces serem atendidas.

Eu dormia e sonhava com meus filhos. Ah, como eu queria vê-los e segurá-los em meus braços outra vez! Então olhei para cima e vi um avião voando sobre mim. Ele se afastou. Então apareceu um helicóptero, de onde desceu um homem que me resgatou. Eu disse a ele: "Graças a Deus você me salvou. Graças a Deus". Não sei o que fazer agora. Não tenho nada. Não tenho para onde ir. Perdi tudo na tempestade.

Depois...

Laura Isabel foi resgatada por um navio da Marinha Britânica, o HMS *Sheffield*. Ele procurava, na verdade, um iate que desaparecera durante a tempestade, juntamente com seus 30 tripulantes, quando a guarda costeira o contatou para informar que uma pessoa tinha sido localizada na água. A tripulação do *Sheffield* não conseguia acreditar que Laura Isabel tinha sobrevivido. Ela fora levada cerca de 80 quilômetros mar adentro, no Caribe, e tremia de frio, estava em estado de choque, mas, surpreendentemente, não sofrera ferimentos graves. Laura teve de lutar contra as lágrimas enquanto contava sua história. Sua incrível bravura lhe permitiu continuar a narrativa. Um oficial disse: "Sobreviver nessas condições é algo espantoso. Estou na Marinha há vinte anos e nunca vi nada igual. Laura Isabel possui uma força incomparável".

Cinco fatos sobre o furacão Mitch

1 O furacão Mitch nasceu no Mar do Caribe em 22 de outubro de 1998. Uma semana depois, ele varreu a América Central, atingindo Nicarágua, Honduras, El Salvador e Guatemala, deixando uma trilha trágica de destruição antes de chegar ao Atlântico, em 6 de novembro.

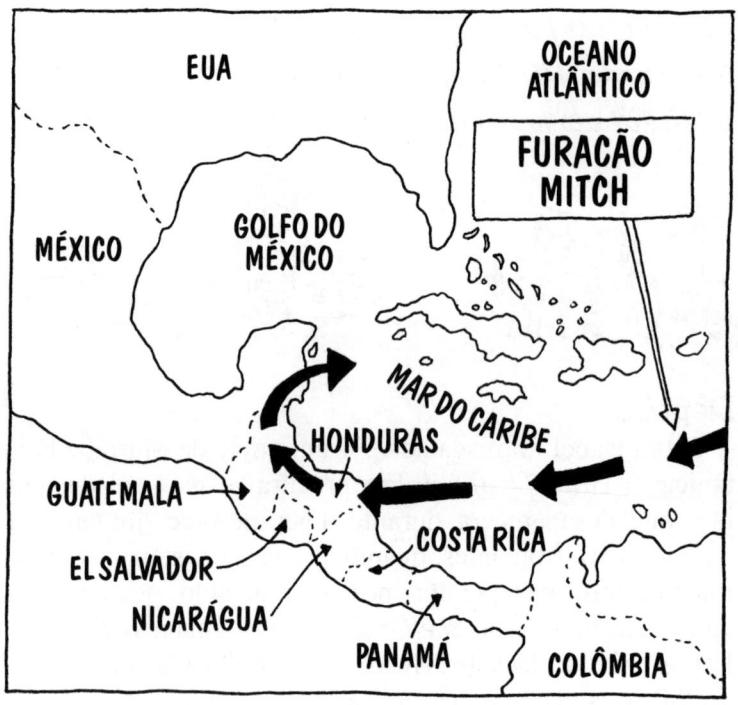

2 O Mitch foi um dos piores fenômenos atmosféricos a atingir a região em mais de 200 anos. Um sobrevivente disse que seus ventos uivantes soavam como:

MIL TRENS EXPRESSOS RUGINDO DENTRO DE UM TÚNEL!

3 Milhares de pessoas foram mortas. Milhões ficaram desabrigados. Honduras foi o país que mais sofreu. Metade do seu território foi inundado, três quartos de suas fazendas foram arruinadas, e sua capital, Tegucigalpa, ficou completamente isolada – sem água, sem eletricidade, sem nada. A chuva torrencial causou alagamentos terríveis e deslizamentos de terra fatais, que enterraram as pessoas vivas. Até pontes e estradas foram levadas – a Rodovia Pan-Americana, uma das estradas mais movimentadas da América Central, desabou vale abaixo.

4 Antes do furacão Mitch, a América Central era grande produtora e exportadora de banana, café e arroz. Mas as plantações foram devastadas pela tempestade, cobertas por uma grossa camada de lama. Milhares de pessoas, que já tinham perdido suas casas, perderam também seus empregos.

5 O Mitch nem foi um furacão dos piores – na verdade, quando ele atingiu Honduras, foi classificado apenas como uma tempestade tropical. Então como é que se mostrou tão mortal? A chuva foi uma das razões. Outra razão foi que os fazendeiros locais havia anos derrubavam as árvores para liberar terra para plantações e gado. Sem raízes para manter o solo seguro, este foi facilmente levado pela chuva. Mas não se pode, realmente, culpar os fazendeiros. Eles precisavam da terra para plantar e obter comida. É um ciclo vicioso.

O furacão Mitch durou dez dramáticos dias. Mas é provável que demore até 70 anos para consertar os estragos que ele causou. Um programa de ajuda internacional foi estabelecido, mas os voluntários descobriram que era difícil e demorado levar ajuda até as pessoas. Em certos casos, só conseguiam chegar a regiões necessitadas utilizando helicóptero e canoa.

Centros de refugiados foram criados para acolher os desabrigados, enquanto eles tentavam reconstruir suas vidas. Mas a maioria das pessoas estava – e continua – desesperada para ter de novo sua casa.

Infelizmente, não há garantias de que uma tragédia dessas proporções não ocorra outra vez. Mas como é que algo tão assustador assim acontece? A resposta é que até o tempo mais tempestuoso não passa de um monte de ar quente.

Furacão Katrina

O Katrina alcançou a categoria 5, a mais alta da escala de furacões Saffir-Simpson. Ele passou pelo sul da Flórida, causando prejuízos de cerca de 2 bilhões de dólares. Em 29 de agosto de 2005, ventos com mais de 280 km/h atingiram o litoral sul dos Estados Unidos e causaram grande devastação, principalmente na região de Nova Orleans. O furacão comprometeu muito da extração de petróleo e gás natural dos EUA, uma vez que boa parte desses recursos é extraída no Golfo do México. O Katrina causou aproximadamente mil mortes, tendo sido um dos furacões mais destrutivos a atingir os Estados Unidos.

ATMOSFERA ASSOMBROSA

As pessoas adoram conversar sobre o tempo. Elas olham para o céu e dizem coisas sábias como:

Mas do que eles estão falando? O que é o tempo? Como ele funciona? Segure-se na cadeira...

...porque você está prestes a descobrir.

Saia e olhe para cima. Vamos lá, olhe mais para cima. O que você consegue ver? Nuvens voando alto? Passarinhos voando baixo? Céu até onde a vista alcança? O que você está vendo é a assombrosa atmosfera, um gigantesco cobertor de ar que envolve a Terra.

Alcançando quilômetros acima da sua cabeça (cerca de 900 quilômetros, na verdade), a atmosfera é uma coisa sem a qual você não poderia viver.

Por quê? Bem, pode parecer que ela fica por aí, sem fazer nada, mas a assombrosa atmosfera é incrivelmente útil. Veja duas coisas que você não teria sem ela.

Ar essencial

"Ar?! Grande coisa", você poderia dizer, "eu posso viver sem isso!" Mas estaria enganado – mortalmente enganado. Para sobreviver, os seres humanos precisam respirar oxigênio do ar. E de onde obtemos esse ar essencial? Da assombrosa atmosfera, é claro!

Então, sem a atmosfera estaríamos mortos! Mas o que existe no ar que respiramos?

RECEITA CASEIRA DE AR FRESCO

SERVE: TODO MUNDO

Ingredientes:
- **Nitrogênio: 78%**
- **Oxigênio: 21%** – esta é a parte vital, a parte de que você necessita para manter seu corpo e cérebro funcionando em perfeito estado.
- **Argônio: 0,9%**
- **Outros gases: 0,1%** – aqui estão reunidos dióxido de carbono, vapor de água e pitadas de neônio, hélio, criptônio, hidrogênio e ozônio. **Uma delícia!**

Modo de fazer:
- Misture todos os ingredientes.
- **Inspire profundamente. Aaahhh! Que ótimo!** (Mas não se esqueça de expirar!)
- Com esta receita você pode fazer tanto ar quanto quiser, desde que respeite as proporções indicadas. Mas, se quiser produzir uma atmosfera completa, vai precisar de absurdas 5,1 trilhões de toneladas de ar (calcule você mesmo quanto de cada gás isso representa!). Esse é o peso da nossa assombrosa atmosfera.

TEMPO RUIM ADVERTE!
ESTA É UMA RECEITA DO AR ENCONTRADO PRÓXIMO AO SOLO. CUIDADO SE ESTIVER ESCALANDO UMA MONTANHA. QUANTO MAIS ALTO SUBIR, MENOS OXIGÊNIO HAVERÁ PARA VOCÊ RESPIRAR.

Tempo

Você pode dizer "Humpf. Tempo! Eu não preciso disso!", mas estaria errado de novo. O tempo – as condições climáticas – acontece na camada da atmosfera mais próxima da Terra.

OS METEOROLOGISTAS A CHAMAM DE TROPOSFERA. BEM AQUI, O CALOR DO SOL MOVIMENTA O AR, PRODUZINDO TODO TIPO DE TEMPO: DE BRISAS SUAVES A VENDAVAIS UIVANTES. O SOL PODE ESTAR A 150 MILHÕES DE QUILÔMETROS DE DISTÂNCIA (CRUZES!), MAS SEM ELE NÃO HAVERIA TEMPO. CONTUDO, ELE NÃO AQUECE POR IGUAL TODO O PLANETA.

Alguns lugares são muito, muito mais frios que outros (especialmente salas de aula de geografia. De arrepiar!). E é aqui que o tempo se mostra tão útil. Sua função é distribuir o calor e o frio. Do contrário, lugares quentes ficariam cada vez mais quentes, enquanto lugares frios ficariam cada vez mais frios, até que nada pudesse sobreviver sobre a Terra – incluindo você.

Mas a troposfera é apenas a ponta do, digamos, *iceberg*. A atmosfera é muito mais que isso. Ela está organizada em camadas, como um sanduíche verdadeiramente gigantesco.

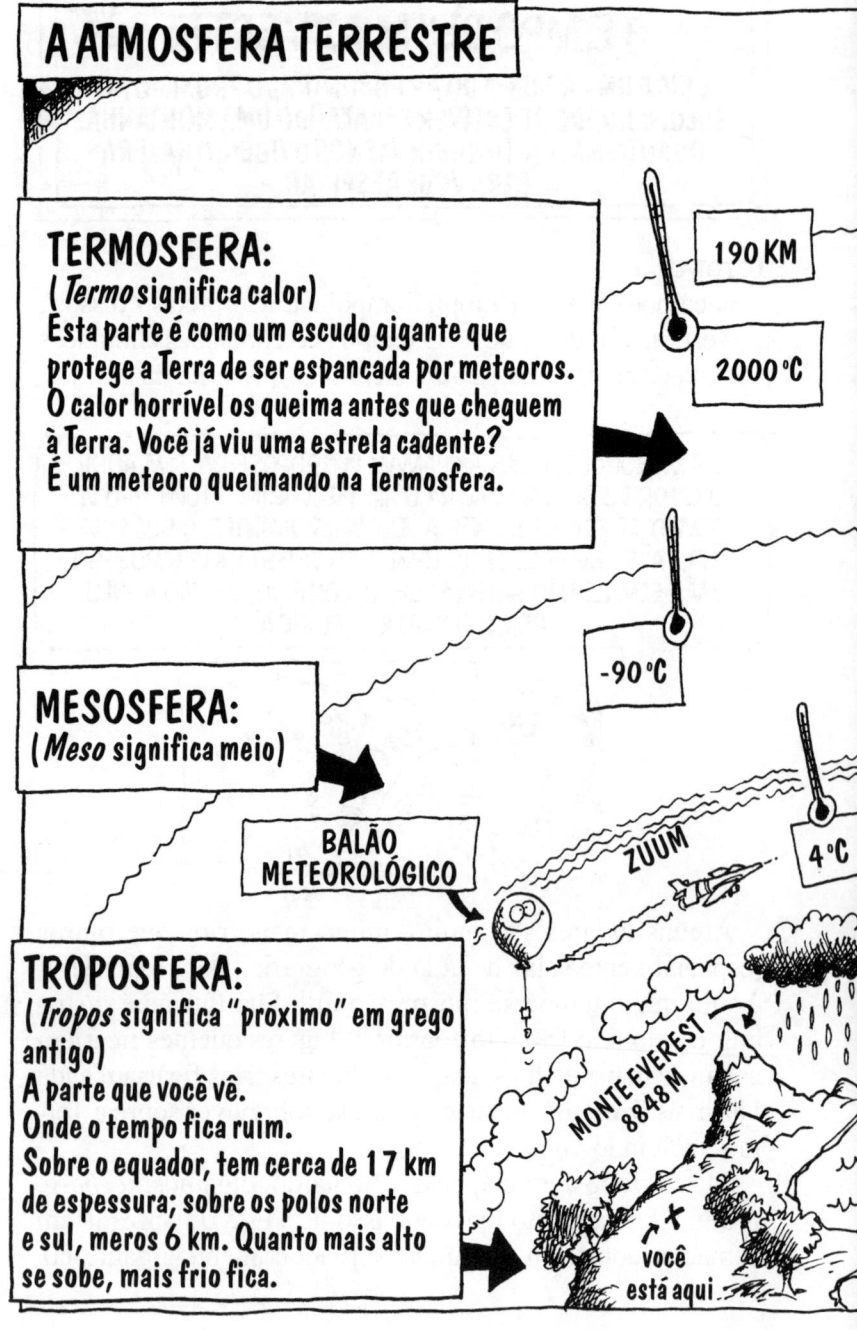

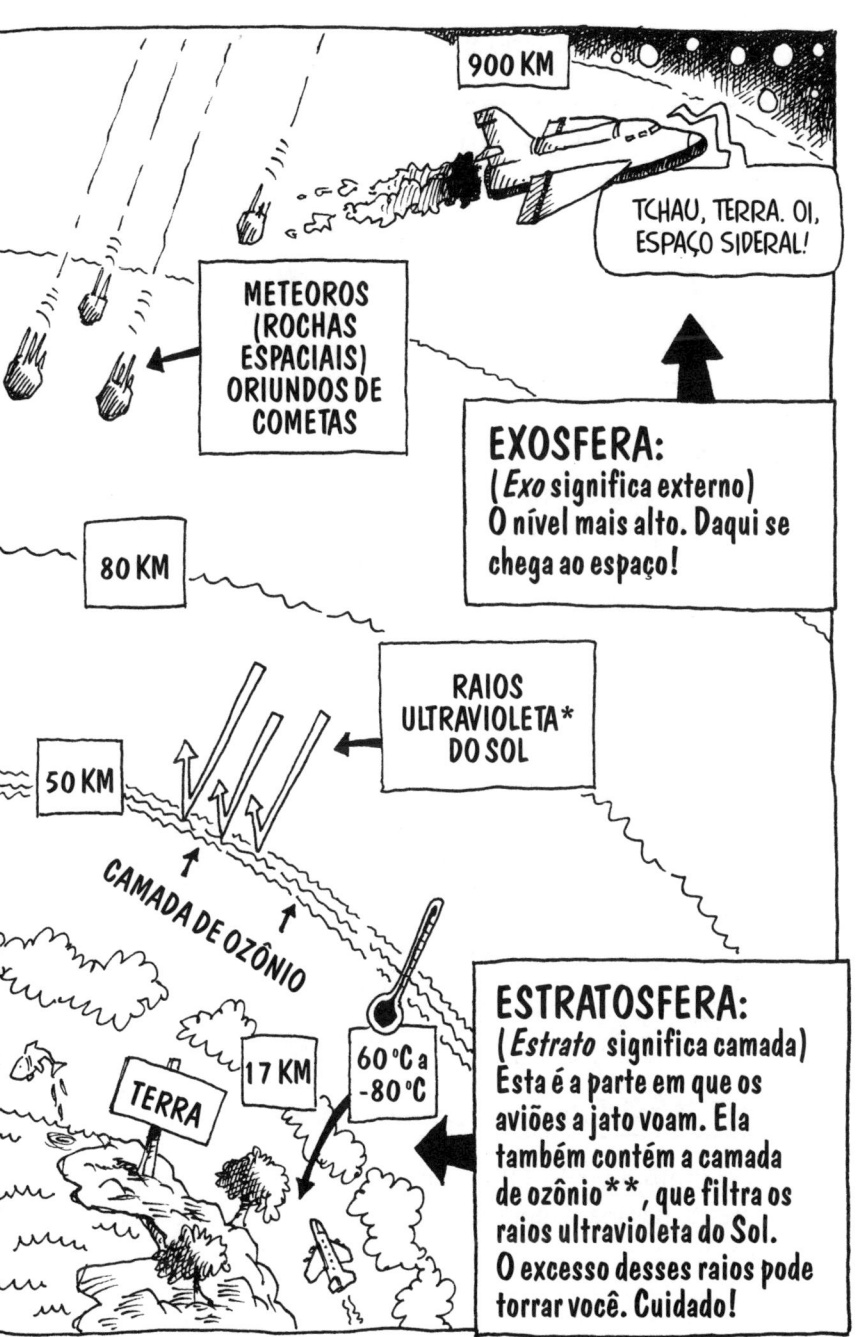

Enquanto isso, para trazer você de volta à Terra...

* ULTRAVIOLETA É UM BELO NOME, MAS ESSES RAIOS SÃO MORTAIS!

** OZÔNIO É UM GÁS INVISÍVEL – ACHO QUE VOCÊ JÁ OUVIU FALAR DELE!

Sob pressão

Com todo esse ar por cima, não é de espantar que a Terra se sinta sob pressão. Não o tipo de pressão que você sente na aula de geografia quando não fez a lição de casa. Esse é outro tipo de pressão. O peso da atmosfera pressionando cada metro quadrado da Terra é praticamente o mesmo de dois elefantes grandes. Socorro! O ar também pressiona seu corpo, mas, por sorte, você não é esmagado porque sua respiração equilibra a situação.

O geógrafo alemão Otto von Guericke (1602-1686) foi a primeira pessoa a demonstrar como a pressão do ar é poderosa.

Otto von Guericke era um sujeito muito inteligente. Um diploma universitário não era suficiente para ele, que tinha três! Em Direito, Matemática e Mecânica. Ele também tinha duas profissões. Era engenheiro de dia e astrônomo à noite. E como se isso não fosse suficiente, ele ainda se tornou prefeito de uma cidade chamada Magdeburgo, na Alemanha. Mas o esforçado Otto é melhor lembrado por seu famoso conjunto de experiências, chamado criativamente de As Experiências de Magdeburgo. Você mesmo pode tentar fazer algumas dessas experiências.

Você vai precisar de:
- 2 tigelas de cobre com cerca de 20 centímetros de diâmetro cada
- 16 cavalos

O que você vai fazer:
1. Junte as duas tigelas de modo a formar uma bola oca.
2. Depois, bombeie o ar para fora da bola, criando vácuo.*
3. Divida os cavalos em duas equipes de oito.
4. Amarre um pedaço de corda em cada tigela e prenda a outra ponta nos cavalos.
5. Afaste-se e grite "Puxem!".

VOU DIZER AO PROFESSOR DELE O QUE ACHO DESSAS EXPERIÊNCIAS!

(* Vácuo é um espaço vazio onde não existe ar. O espaço sideral é um vácuo.)

O que você acha que aconteceu na experiência verdadeira?
a) As tigelas se separaram e os cavalos caíram.
b) As tigelas não cederam.
c) A corda arrebentou e o velho sabichão teve de começar tudo de novo.

Resposta: *Na verdade, o que aconteceu foi* b). *Não importando a força com que os cavalos puxavam, eles não conseguiam separar as tigelas. Sem chance. Somente quando von Guericke bombeou ar para dentro das tigelas, elas cederam. Então, o que estava mantendo as tigelas juntas tão firmemente? Era a pressão do ar no exterior delas. Isso demonstra como a pressão do ar pode ser forte.*

Descobertas impressionantes

1 Para medir a pressão do ar, os meteorologistas usam um equipamento chamado barômetro. Existem dois tipos principais: o barômetro de mercúrio, que utiliza mercúrio líquido, e o barômetro aneroide, que utiliza agulha e escala. Este último, normalmente, é o tipo usado em aviões, porque não se quebra na decolagem – o que evita sujeira.

2 O primeiro barômetro de mercúrio foi inventado pelo cientista italiano Evangelista Torricelli (1608-1647), que

era professor de Matemática na Universidade de Florença. Veja como ele tropeçou na ideia:
a) Primeiro, ele encheu um tubo comprido de vidro com mercúrio. (O homem já tinha tentado água do mar e mel, mas, surpreendentemente, descobriu que o mercúrio dava melhor resultado.)
b) Então ele virou o tubo de cabeça para baixo e o colocou em uma tigela com mais mercúrio.*

(*ATENÇÃO – SUBSTÂNCIA PERIGOSA! Não tentem reproduzir a experiência em casa, leitores. Mercúrio é horrivelmente venenoso. Em grandes quantidades ele pode danificar seriamente seus nervos, pele, sangue, estômago, fígado e rins. Porções pequenas são encontradas naquele material cinzento usado em obturações dentárias. Então não faça nada que aborreça seu dentista!)
c) A cada dia, ele olhava o tubo e observava como o nível de mercúrio subia e descia. Isso aconteceu durante algum tempo.
d) Então ele teve uma inspiração. O mercúrio subia e descia dependendo de diferenças na pressão do ar!

PRESSÃO MAIOR EMPURRANDO O MERCÚRIO NA TIGELA FAZ O MERCÚRIO NO TUBO SUBIR. PRESSÃO MENOR FAZ ELE DESCER.

Aposto que você não tinha pensado nisso!

Mas você acha que o velho e tímido Torricelli se gabou pela descoberta? Nada disso. Ele gostava de ficar na dele. Além disso, sempre se interessou mais por Matemática do que por Meteorologia. Muito esquisito. Contudo, ele escreveu uma nota, que dizia:

> Vivemos submersos no fundo de um oceano de ar elementar, que sabidamente, mediante incontestáveis experiências, possui peso.

Isso basicamente significa "Vivemos embaixo da atmosfera. E descobrimos que ela é pesada". Em seguida, Torricelli jogou essa nota no fundo de uma gaveta empoeirada e não pensou mais no assunto.

3 Felizmente, outras pessoas cantaram a glória de Torricelli. Tempos depois, um brilhante cientista francês, Blaise Pascal (1623-1662), tentou melhorar o barômetro de Torricelli. Ele convenceu seu cunhado a escalar um vulcão (felizmente extinto) para testar sua nova invenção. Ah, sim, e para testar sua mais nova teoria de que a pressão do ar cai quanto mais alto se sobe, porque há menos ar exercendo pressão.

É claro que o preguiçoso Blaise não subiu a montanha com o cunhado. Ele já estava sob bastante pressão. Mas providenciou alguns monges para testemunharem a experiência e atestarem que ela foi executada de maneira idônea. E foi demonstrado que ele estava certo. Quanto mais alto se sobe, mais fraca é a pressão do ar.

4 Algum tempo depois, o pobre Pascal ficou doente de tanto trabalhar e seu médico o mandou descansar. Adivinhe o que ele fez para relaxar? Escreveu um ensaio sobre pressão do ar! De qualquer modo, isso o fez sentir-se melhor, então qual o problema? Talvez você possa tentar algo parecido da próxima vez que se sentir desanimado.

5 Em homenagem a Pascal, às vezes a pressão é medida em uma unidade chamada – adivinhe? – "Pascal". Na verdade, ela é medida em hectopascais (1 hectopascal = 100 pascais). A pressão normal do ar é 1013,2 hectopascais.

6 Lembra do bom e velho Otto von Guericke? Ele foi a primeira pessoa a usar um barômetro para predizer o tempo, quando previu que uma queda brusca na pressão significava a aproximação de uma tempestade.

7 Esqueça mercúrio, água do mar e mel. Existe um jeito muito mais simples de você fazer seu próprio barômetro. Primeiro encontre um sapo; depois, coloque-o num pote com água de lago e cubra o pote com um plástico. (Certifique-se de que o plástico tenha furos, para que seu barômetro possa respirar.)

Agora espere... e ouça com atenção.

Como ler seu sapômetro:
- Se o sapo coaxar muito, a pressão está caindo e tempo ruim se aproxima. (Lembre-se, pressão atmosférica baixa significa tempo instável.)

- Se o sapo coaxar pouco, a pressão está subindo e você pode aguardar dias bonitos. (Lembre-se, pressão atmosférica alta significa tempo bom.)
- Se o seu sapo parar totalmente de coaxar, arrume um sapo novo. (Lembre-se de devolver o sapo ao lago depois da experiência.)

FATOS TEMPESTUOSOS

Se você está no alto de uma montanha e pretende comer macarrão no almoço, lembre-se de cozinhá-lo por mais tempo do que informa o pacote. Por quê? Bem, a pressão do ar muda o ponto da temperatura em que a água ferve. Quanto mais alto você sobe, menor a pressão e menor a temperatura de ebulição. Assim, a água entra em ebulição mais rapidamente, mas a comida demora mais para cozinhar.

Massas de ar

O ar da atmosfera assombrosa nunca está parado. Ele está sempre em movimento, sendo empurrado e desviado por mudanças na pressão e na temperatura. A maneira como todo esse ar se move, dia após dia, é o que forma as condições meteorológicas.

Massas de ar são enormes ajuntamentos de ar que se formam sobre terra e mar. Elas podem ser quentes, frias, secas ou úmidas, dependendo de onde vêm: originária de um deserto quente, a massa de ar será quente e seca, mas caso se forme sobre o mar frio, ela será fria e úmida. Você não consegue vê-las, mas elas estão sempre lá, flutuando lentamente ao redor da Terra. São empurradas pelos ventos e ajudam a espalhar o calor do Sol. Algumas massas de ar são horrivelmente enormes. Estima-se que uma delas tinha o tamanho do Egito. Uau!

Choque de frente

Ser uma massa de ar é mais ou menos como ser um carrinho de bate-bate. Num momento você está deslizando alegremente, cuidando da sua vida. No momento seguinte bate em outra massa de ar que quer empurrá-lo para fora do caminho. Tudo o que você pode fazer é devolver o empurrão.

O ponto em que duas massas de ar se chocam é chamado de frente. O tempo ali pode ser muito instável. As frentes ocorrem em três variedades: fria, quente e oclusa. Experimente impressionar seu professor com esse termo técnico. A frente oclusa é aquela que se forma quando uma frente fria engole uma quente. Mas são as ardilosas frentes frias que causam tempo ruim. Veja como uma frente fria nasce:

1 Uma massa de ar frio encontra uma massa de ar quente.

2 O ar frio entra por baixo do ar quente, empurrando-o para cima.

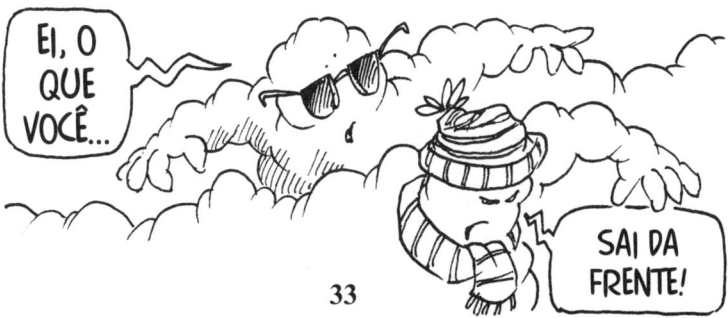

3 O ar quente sobe rapidamente, produzindo nuvens de tempestade e chuva.

4 Em algumas frentes frias, o ar em movimento provoca filas de tempestades que podem se estender por até 800 quilômetros.

Altas e baixas

OBSERVAÇÕES DA AMANDA:

Só para você ficar esperto, saiba que a pressão do ar é diferente em cada canto do mundo. Por quê? Porque o sol aquece mais alguns lugares que outros. A regra é: ar frio é pesado, então ele desce causando alta pressão. Ar quente é leve, de modo que sobe e causa baixa pressão. Entendeu? Assim como você e eu, a atmosfera tem altos e baixos.
"Alta" é uma área em espiral de alta pressão. A pressão mais alta fica no meio. E a boa notícia é que as altas geralmente trazem tempo estável, ensolarado e seco, além de céu claro e azul. Oba!

Uma "baixa", por outro lado, significa que é hora de tirar o guarda-chuva do armário. Essa é uma área em espiral de baixa pressão. A menor pressão ocorre no centro. A má notícia é que baixas geralmente trazem tempo nublado, úmido e céu tempestuoso. (Você pode impressionar seu professor chamando isso de ciclone ou depressão — que parece um bom nome para uma baixa!)
Veja uma experiência simples para encontrar a baixa mais próxima de você.
Pronto?
1. Fora de casa, fique de costas para o vento.
2. Onde você mora? Está no hemisfério norte? Nesse caso, sua baixa mais próxima está à sua esquerda, porque os ventos no norte sopram em sentido anti-horário em redor de uma baixa.

3. Mas se você vive no hemisfério sul é ao contrário. A baixa mais próxima está à sua direita, porque os ventos no sul sopram em sentido horário.

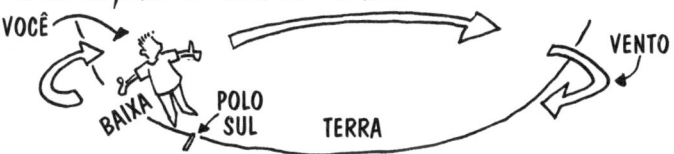

Não se preocupe se toda essa pressão estiver oprimindo você. Pode ser difícil entender a assombrosa atmosfera. Ela não fica parada nem por um minuto. Sabe como é, né? E é isso que causa o tempo ruim. Mas toda essa conversa de altas e baixas é só o começo. Segure-se!

VENTOS VIOLENTOS

Imagine-se descansando ao ar livre num dia quente de verão. O Sol brilha, o céu está azul e sua mãe acaba de trazer um suco de laranja gelado para você. Não se deixe enganar. O tempo está se comportando bem, mas as coisas podem mudar rapidamente para pior. E não existe nada pior na natureza que uma tempestade selvagem. Por trás de cada tempestade existem nuvens sinistras e baldes de chuva. E a invisível e incrível força do vento. Você não consegue vê-lo, mas ele sopra forte quando quer.

Uma questão de vento...

Pensando que Amanda estava à procura de desafios, nós a enviamos em uma missão: enfrentar o problema que alguns alunos tinham com o vento...

> NÃO HÁ MUITO O QUE SE APRENDER SOBRE VENTO, CERTO? É SÓ AR EM MOVIMENTO.

> SIM, MAS VOCÊ JÁ PENSOU EM COMO ELE SE MOVE, PARA COMEÇAR?

AHN... NÃO.

BEM, ESCUTE ISTO: TUDO SE RESUME À PRESSÃO DO AR. VOCÊ SABE, A REGRA DE QUE AR FRIO É PESADO E DESCE, CAUSANDO ALTA PRESSÃO, E AR QUENTE É LEVE, SUBINDO E CAUSANDO BAIXA PRESSÃO. NÃO É?

NÃO FAZ MUITO SENTIDO PARA MIM.

TUDO BEM. IMAGINE SUA IRMÃ MAIS VELHA SENTADA EM CIMA DE VOCÊ, ESMAGANDO-O. PODEMOS DIZER QUE ISSO É ALTA PRESSÃO. QUANDO VOCÊ SE LIVRA DELA, CONSEGUE BAIXA PRESSÃO. ENTENDE?

SE EU ME LIVRAR DELA VOU GANHAR UMA MEDALHA! TÁ BOM, MAS O QUE ISSO TEM A VER COM VENTO?

BEM, O AR SEMPRE SE MOVE DA ALTA PARA A BAIXA PRESSÃO, E QUANDO SE MOVE – PUM – AÍ ESTÁ O VENTO.

AAAAAH, AMANDA!

NÃO, NÃO ESSE TIPO DE VENTO!

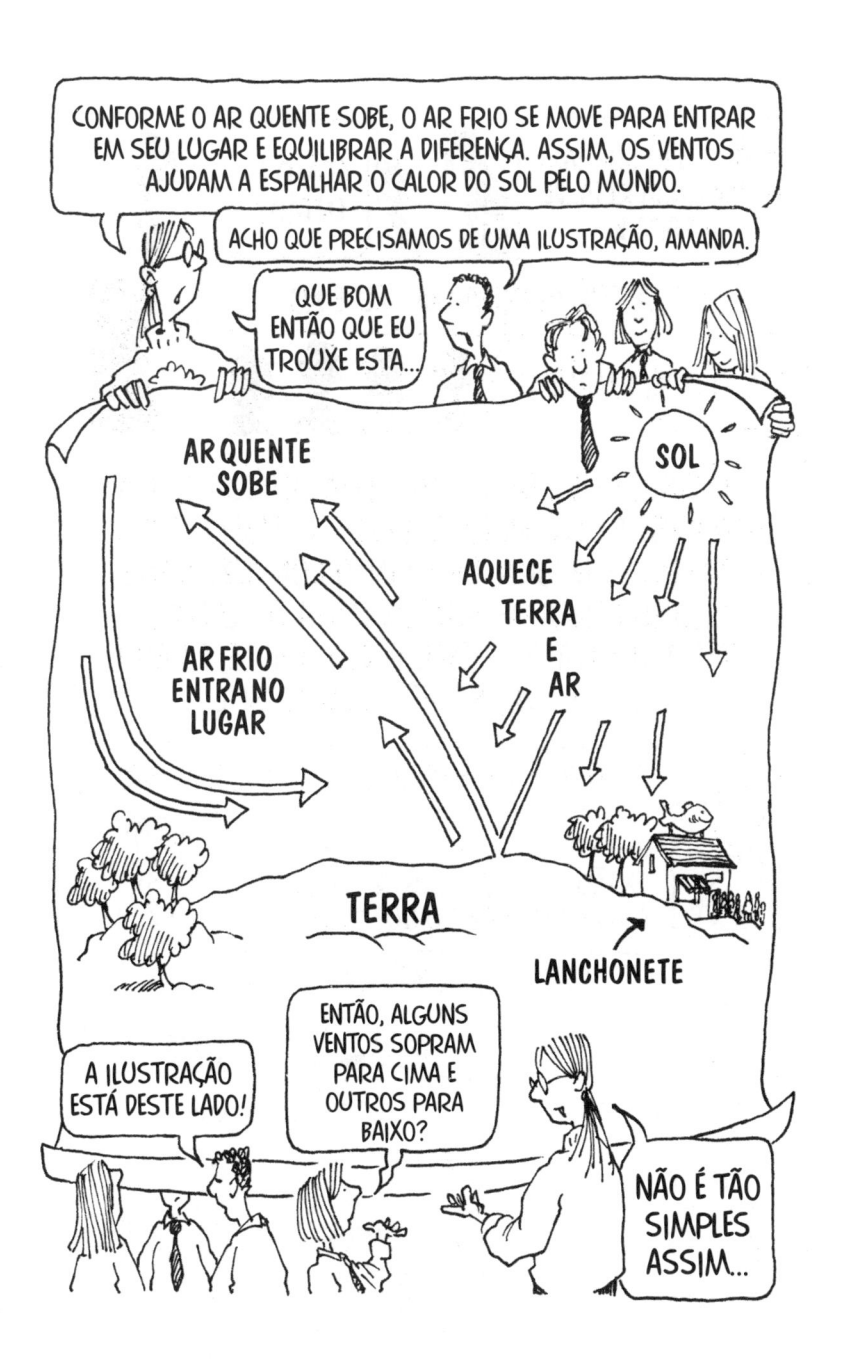

CONFORME O AR QUENTE SOBE, O AR FRIO SE MOVE PARA ENTRAR EM SEU LUGAR E EQUILIBRAR A DIFERENÇA. ASSIM, OS VENTOS AJUDAM A ESPALHAR O CALOR DO SOL PELO MUNDO.

ACHO QUE PRECISAMOS DE UMA ILUSTRAÇÃO, AMANDA.

QUE BOM ENTÃO QUE EU TROUXE ESTA...

AR QUENTE SOBE

SOL

AR FRIO ENTRA NO LUGAR

AQUECE TERRA E AR

TERRA

LANCHONETE

A ILUSTRAÇÃO ESTÁ DESTE LADO!

ENTÃO, ALGUNS VENTOS SOPRAM PARA CIMA E OUTROS PARA BAIXO?

NÃO É TÃO SIMPLES ASSIM...

— VENTOS NÃO SOPRAM NUMA LINHA RETA, DE A PARA B.

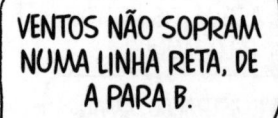

— COMO É, ENTÃO?

— BEM, A TERRA GIRA EM SEU EIXO.

— SEU O QUÊ, AMANDA?

— SEU EIXO, QUE É UMA LINHA IMAGINÁRIA QUE A ATRAVESSA PELO MEIO. ELA GIRA O TEMPO TODO — INCLUSIVE AGORA, ENQUANTO CONVERSAMOS. O GIRO LANÇA OS VENTOS PARA OS LADOS. PARA A DIREITA, NO HEMISFÉRIO NORTE, E PARA A ESQUERDA, NO HEMISFÉRIO SUL.

— ACHO QUE NÃO ENTENDI MUITO BEM, AMANDA!

— ENTÃO VEJA ESTA ILUSTRAÇÃO, QUE AJUDA A EXPLICAR O QUE ACONTECE.

VENTOS — NORTE — EIXO
TERRA — ROTAÇÃO DA TERRA
SUL — VENTOS

— ANTES DE SER LANÇADO, O VENTO JÁ É VENTO?

— ENTÃO OS VENTOS VENTAM EM TODA PARTE?

— BOA PERGUNTA. NÃO!

> OS VENTOS NÃO ACONTECEM DE QUALQUER JEITO. ELES SOPRAM PELO MUNDO EM PADRÕES FIXOS. AQUI ESTÁ UM MAPA QUE DESENHEI PARA DEMONSTRAR:

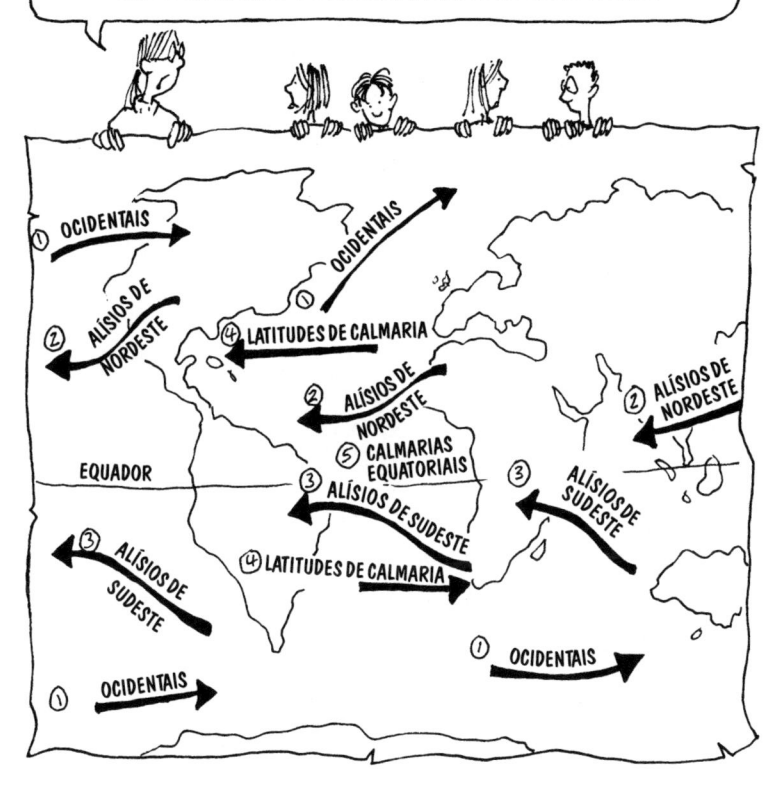

1 Ocidentais: ventos soprando do oeste. Os ventos são sempre chamados pela direção de onde *vêm*. Assim, um vento ocidental sopra do oeste, ou seja, do Ocidente. Um oriental sopra do Oriente (leste). Entendeu?

2 Alísios de nordeste: são ventos constantes que sopram do nordeste em direção ao equador.

3 Alísios de sudeste: a mesma coisa que os alísios de nordeste, só que vêm do sudeste.

4 Latitudes de calmaria: áreas de ventos muito, muito fracos. No passado, quando os navios a vela dominavam os mares, azar daqueles que ficassem presos numa dessas áreas. Podiam ficar parados durante dias. Normalmente, só havia uma saída. Eles tinham de jogar na água os cavalos que transportavam, para tornar o navio mais leve e poder aproveitar qualquer brisa que soprasse.

> AHN... ACHO QUE SENTI UM VENTINHO...

5 Calmarias equatoriais: área de absoluta calmaria no equador, onde não há vento e nada se mexe durante dias a fio.

> ELE DEVE ESTAR NUMA CALMARIA. FAZ DIAS QUE NÃO SE MEXE!

Equador: não existe de verdade! É uma linha imaginária em volta da Terra, dividindo-a em duas metades entre os polos.

> ACHO QUE ENCONTREI O EQUADOR, PAI!

Fatos tempestuosos

Os sentidos dos ventos têm um motivo. E esse motivo tem até nome (um nome chato, é verdade). Trata-se da Força de Coriolis, chamada assim em homenagem ao cientista francês Gustave-Gaspard Coriolis (1792-1843). Gustave foi a primeira pessoa a calcular que forças invisíveis fazem objetos voarem numa trajetória curva e não reta. Ele também descobriu que essa força causa a rotação que provoca furacões e tornados. Gustave expôs sua teoria num ensaio muito chato em que discorria sobre:

> "AS EQUAÇÕES DE MOVIMENTOS RELATIVOS DE SISTEMAS DE CORPOS"

Era desconcertante, mas brilhante, principalmente porque ninguém tinha pensado nisso antes. Depois ele escreveu um livro sobre bilhar. O que não é tão brilhante, né?

Cinco fatos incríveis sobre vento!

1 Os gregos antigos achavam que os ventos eram a respiração dos deuses. Havia oito deuses do vento, um para cada direção. Seria bom que nenhum deles tivesse mau hálito!

> TOMARA QUE SEJA A RESPIRAÇÃO DOS DEUSES E NÃO NOSSO JANTAR!

Outros gregos malucos acreditavam que o vento se formava quando as árvores abanavam suas folhas. Que doido!

2 Correntes de jato só foram descobertas na Segunda Guerra Mundial, quando os pilotos se viram quase parando em pleno ar ao voar contra certos ventos. Correntes de jato são ventos ocidentais muito velozes que ocorrem em partes altas da atmosfera. Elas são muito fortes – podendo atingir velocidades de até 500 km/h – e longas – estendendo-se por até 4 mil quilômetros.

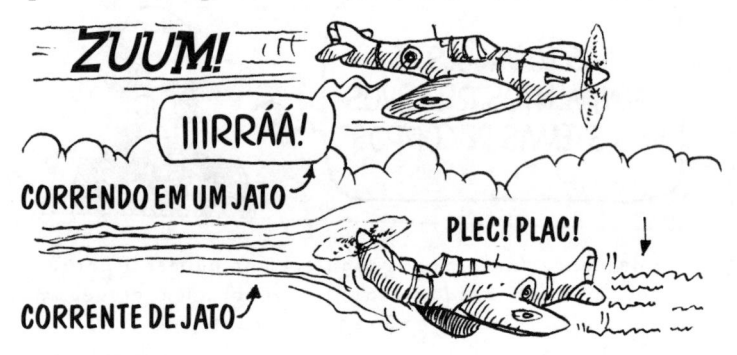

ZUUM!
IIIRRÁÁ!
CORRENDO EM UM JATO
PLEC! PLAC!
CORRENTE DE JATO

Elas também podem arrastar baixas pressões consigo, trazendo tempestades em sua traseira. Os únicos lugares na Terra em que podemos realmente sentir as correntes de jato é no topo do Monte Everest e de outras montanhas muito altas. Então, que tal sugerir uma viagem didática de geografia?

> OK, PODEM ENTREGAR SUAS LIÇÕES DE CASA DE GEOGRAFIA!

3 A boa notícia é que as correntes de jato podem fazer os aviões voarem mais rapidamente – bem, se o avião estiver voando a favor do vento. A má notícia é que, na volta, o voo demora mais, porque o avião estará contra o vento.

> JOGAR A BAGAGEM FORA NÃO FAZ DIFERENÇA, SR. ATANÁSIO!

4 O lugar em que mais venta, de todo o mundo, é a Baía do Commonwealth, na Antártida. Lá, ventanias sopram a incríveis 320 km/h, a mesma velocidade de carros de corrida. O vento mais violento já registrado atingiu 371 km/h, no Monte Washington, nos Estados Unidos.

5 Se você acha isso ruim, agradeça aos céus por não viver no planeta Netuno. Lá, os ventos atingem a assombrosa velocidade de 2.000 km/h. Isso é realmente incrível!

> QUERIDA MAMÃE, A CAMA É PEQUENA, A COMIDA, TERRÍVEL, E O CLIMA, HORROROSO.

AVISO DE TEMPO RUIM!

> PARA VOCÊS QUE MORAM NA ALEMANHA, É TEMPORADA DE FOEHN, DE NOVO! O DIA COMEÇARÁ QUENTE, COM LEVE BRISA, ACOMPANHADA DE DORES DE CABEÇA À NOITE!

Dependendo da região em que vive, você pode ter seu vento "local". Na Alemanha, por exemplo, o vento local se chama "foehn". É um vento quente e seco, soprado a partir das montanhas no final do inverno. As pessoas o culpam por tudo. Dizem que ele provoca dor de cabeça, enjoo, cansaço, depressão e torna as pessoas mais irritadiças que o normal. (Então é esse o problema com seu professor de geografia!) Dizem, até, que ele pode nos enlouquecer! Algumas pessoas ganham a vida vendendo colares e pulseiras especiais, além de palmilhas para sapatos que, supostamente, fazem o usuário se sentir melhor quando exposto a esse vento. O que alguns seres humanos não fazem para ganhar uns trocados!

Quente e pegajoso

Existe mais uma coisa escondida em nossa assombrosa atmosfera. Você não pode vê-lo, mas ele está aí, à sua volta, o tempo todo. Seu nome é... vapor de água. Trata-se de água em estado gasoso. E esse vapor invisível é vital para o tempo. Sem ele, não teríamos nuvens, chuva ou neve. Imagine só: do que os professores de geografia iriam falar? A quantidade de vapor de água no ar é chamada de umidade. Esta varia de um lugar para outro. Ar quente pode segurar mais água que ar frio. É por isso que em dias quentes você fica todo pegajoso. É essa umidade horrível que faz com que nós suemos como porcos. (Também suamos quando está quente e seco, mas com o ar úmido o suor não seca tão rapidamente.) Beleza!

Além da quantidade de suor que você derrama, existem outros meios de medir a umidade horrível. Pode-se usar um higrômetro. (Esse é o complicado nome técnico para um aparelho que mede a umidade.) O primeiro higrômetro foi construído pelo suíço Horace Bénédict de Saussure, em 1783. Entusiástico explorador, Horace teve suas melhores ideias ao escalar uma montanha. O higrômetro de Horace usava um fio de cabelo humano para medir a umidade. Como funcionava? O que você acha que aconteceu quando Horace colocou seu higrômetro de cabelo fora de casa num dia bonito e úmido? Será que ele...

a) encolheu?
b) cresceu?
c) ficou do mesmo tamanho?

Resposta: b) Horace Bénédict descobriu que o cabelo humano se expande ou estica quando absorve água do ar. Isso significa que a umidade está alta. O cabelo encolhe quando o ar está seco e a umidade é baixa.

Formação de nuvens de tempestade

Mas o que vapor de água tem a ver com tempo ruim? A resposta simples é: nuvens. Não apenas aquelas fofinhas e brancas, que flutuam alegremente no horizonte. Mas também aquelas nuvens cinzentas e pesadas de tempestade, as mais ameaçadoras do céu.

As nuvens se formam quando:

③ PARTE DO VAPOR DE ÁGUA EXISTENTE NELE VIRA ÁGUA LÍQUIDA*.

④ E FORMA GOTAS PEQUENINAS DE ÁGUA, OU SE CONGELA FORMANDO CRISTAIS DE GELO.

② O AR QUENTE SOBE E SE RESFRIA ATÉ QUE...

⑤ ÀS VEZES, O VAPOR SE CONDENSA EM VOLTA DE PARTÍCULAS DE PÓ NO AR.

CHUVA

① O SOL AQUECE O SOLO E ESTE AQUECE O AR ACIMA DELE.

⑥ BILHÕES E BILHÕES DE GOTÍCULAS DE ÁGUA FORMAM UMA NUVEM. (ESSAS GOTÍCULAS DIMINUTAS SÃO TÃO PEQUENAS QUE SERIAM NECESSÁRIAS 7 BILHÕES DELAS PARA ENCHER UMA COLHER DE SOPA! INCRÍVEL!)

* ISSO SE CHAMA "CONDENSAÇÃO"

Previsão do tempo

Esse é o trabalho de Amanda, nossa conhecida meteorologista, mas você também pode tentar prever o tempo. Primeiro tem de aprender a reconhecer algumas nuvens. Seu professor provavelmente dirá em alguma aula que existem dez tipos de nuvens. A menos que você queira ser um meteorologista profissional, pode dar um drible nas nuvens. Tudo o que você precisa conhecer são os três grupos principais de nuvens que listamos aqui e o tipo de tempo que elas trazem. Então, lá vai. Vamos ver se você pode ganhar a vida como meteorologista.

Ⓐ SE VOCÊ VIR NUVENS BRANCAS E FOFAS FLUTUANDO NO CÉU, COM FORMA DE COUVE-FLOR, PODE APOSTAR SUA VIDA QUE SE TRATAM DE **CUMULUS**. SE FOREM PEQUENAS E ESTIVEREM BEM DISTANTES DO CHÃO, SÃO BENIGNAS E TRAZEM TEMPO BOM, MAS SE FOREM GRANDES PODEM TRAZER PANCADAS DE CHUVA.

← CUMULUS

Ⓑ STRATUS ↗

ESTÁ VENDO UMA CAMADA DE NUVENS BAIXAS SOBRE VOCÊ? PODE CHAMÁ-LAS DE **STRATUS**. SE ESTIVEREM PRÓXIMAS AO CHÃO, TRAZEM MÁS NOTÍCIAS, POIS INDICAM A POSSIBILIDADE DE NEBLINA E GAROA.

CIRRUS

ESSES FIAPOS DE NUVEM QUE ÀS VEZES NÓS VEMOS NO CÉU CHAMAM-SE CIRRUS...

E ELES TAMBÉM TRAZEM MÁS NOTÍCIAS, POIS INDICAM A APROXIMAÇÃO DE UMA BAIXA. ASSIM, VEM TEMPO RUIM POR AÍ.

Então, coloque sua cabeça para fora da janela e veja que tipo de nuvens você consegue identificar. Se a sua professora reclamar, experimente dizer "Mas professora, eu estava estudando os *altocumulus lenticularis**".

*TRADUZINDO APRESSADAMENTE, VOCÊ ESTÁ COM A CABEÇA NAS NUVENS. SENDO PRECISA, VOCÊ ESTÁ COM A CABEÇA NAS NUVENS CUMULUS ALTAS, DE FORMATO OVAL, QUE ÀS VEZES SÃO CONFUNDIDAS COM DISCOS VOADORES! FRANCAMENTE! ELAS SÃO MUITO RARAS, MAS PODEM SER PERIGOSAS, PRINCIPALMENTE SE VOCÊ FOR PILOTO, PORQUE ELAS TRAZEM VENTOS FORTES E TEMPESTUOSOS.

A pessoa culpada por todos esses nomes difíceis foi um inglês, dublê de farmacêutico e meteorologista, chamado Luke Howard.

Eu batizo esta nuvem...

Em um dia nublado de 1803, Luke Howard provavelmente estava com pouco trabalho em sua farmácia. Os negócios andavam devagar. Quando a única cliente do dia saiu, levando seu pacote com pílulas e xaropes, Luke começou a olhar pela janela, com a cabeça nas nuvens. Ele se deixou levar tão completamente em seus devaneios que começou a dar nomes para as nuvens. Não nomes comuns, como João ou Maria, mas caprichados, em latim, como *cumulus*, *stratus* e *cirrus*.

Os nomes soavam realmente científicos, mas o que significavam? Alguém se arrisca a adivinhar? Prepare-se para a decepção. Eles significam apenas "monte ondulado", "camada" e "cabelo cacheado" e simplesmente descrevem as formas das nuvens. Mas Luke ficou muito satisfeito com esses nomes, e a brincadeira fazia o tempo passar mais rapidamente. É de espantar que ninguém antes tenha pensado em dar nomes às nuvens. Mas a ideia logo pegou.

Não demorou para que Luke se tornasse um tipo de astro. Ele foi convidado a dar palestras importantes em sociedades científicas eruditas. A primeira parada foi em sua própria sociedade científica, em Londres. A plateia aplaudiu educadamente quando Luke entrou no salão. Ele fez uma reverência e limpou a garganta. E então começou:

> SENHORAS E SENHORES, O OCEANO DE AR NO QUAL VIVEMOS E NOS MOVEMOS, NO QUAL OS RAIOS DOS CÉUS SÃO FORJADOS E NO QUAL SE CONDENSA A CHUVA FRUTUOSA NÃO PODE JAMAIS SER, PARA O NATURALISTA ZELOSO, ASSUNTO DE CONTEMPLAÇÃO HUMILDE E INSENSÍVEL... BLÁ, BLÁ, BLÁ...

É claro que ninguém entendeu nem uma palavra do que ele disse. Se ele ainda tivesse falado em uma língua viva...

> DO QUE É QUE ELE ESTÁ FALANDO?

> SEI LÁ. TUDO ISSO SOA MUITO NEBULOSO* PARA MIM!

*Nebuloso: palavra requintada que significa nublado. Também pode significar "vago" e "disforme".

Mas Luke Howard riu por último. Nos círculos científicos sérios, sua classificação das nuvens foi muito admirada. Um poeta alemão chegou a escrever uma poesia sobre ela. E a classificação mostrou-se tão boa que ainda hoje é usada para descrever nuvens, não apenas na Grã-Bretanha, mas em todo o mundo. As nuvens são pistas horrivelmente úteis para se prever o tempo. Por exemplo, um dos primeiros sinais de que uma tempestade está se aproximando é uma gigantesca nuvem cúmulo-nimbo.

Assustadoras nuvens trovejantes

Não há como confundir um cúmulo-nimbo. *Nimbus* é a palavra em latim para chuva, e quando uma dessas supernuvens mostra sua cara feia sabemos que é hora de procurar abrigo. Monte Everest, morra de raiva! Essas belezuras monstruosas às vezes têm o tamanho de dois Everest. Elas são más, mal-humoradas e trazem problemas. É nessas nuvens que os tornados e trovões nascem.

> EU ACHO QUE ESTAMOS SENDO SEGUIDOS...

Uma hora na vida de uma nuvem de tempestade

Nuvens de tempestade surgem em ar quente e úmido. É por isso que elas são comuns nas tardes de verão. Muito ar contendo muito vapor de água sobe rapidamente e se condensa. Então a nuvem cresce, cresce, cresce...

[Ilustração: AR QUENTE E ÚMIDO SOBE BEM RÁPIDO / ESPALHANDO-SE POR CIMA]

Uma nuvem de tempestade inteiramente formada pode conter meio milhão de toneladas de água. É um monte de chuva. O que acontece é o seguinte: conforme gotículas de água, flocos de neve e cristais de gelo se agitam dentro da nuvem, eles se batem e se unem uns aos outros e vão crescendo até ficarem pesados demais para continuar suspensos no ar. Então caem em direção ao solo. Se o ar estiver quente próximo ao solo, neve e gelo se derretem, transformando-se em chuva. Agora, se o ar estiver bastante frio, cairão gelo e neve mesmo.

[Ilustração: GIRA! CRISTAIS DE GELO / FLOCOS DE NEVE / PICOLÉ / ÁGUA / GIRA!]

Muita gente acha que pingos de chuva têm formato de gota. Errado! Eles têm o formato de círculo com a parte de baixo achatada. Oficialmente, uma gota de chuva tem o diâmetro de cerca de 1,5 milímetro – sendo portanto...

DESTE TAMANHO ➡

Qualquer coisa menor que isso é considerada garoa. Mas algumas gotas de chuva são do tamanho de ervilhas. Grandes, não?

GRANDES ASSIM ➡

As pessoas que moram perto do Monte Wai-'ale-'ale, no Havaí, Estados Unidos, têm cerca de 335 dias de chuva por ano. São 11 metros de chuva por ano. Haja umidade! Portanto, cuidado ao planejar suas férias no Havaí, para não acabar trancado no hotel.

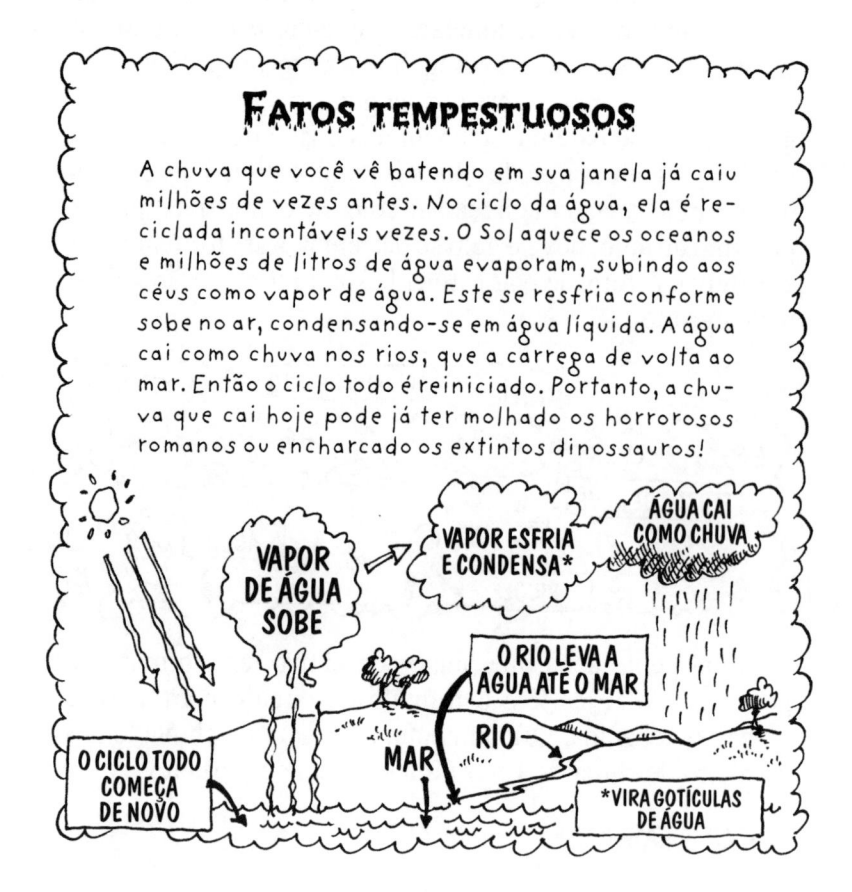

FATOS TEMPESTUOSOS

A chuva que você vê batendo em sua janela já caiu milhões de vezes antes. No ciclo da água, ela é reciclada incontáveis vezes. O Sol aquece os oceanos e milhões de litros de água evaporam, subindo aos céus como vapor de água. Este se resfria conforme sobe no ar, condensando-se em água líquida. A água cai como chuva nos rios, que a carrega de volta ao mar. Então o ciclo todo é reiniciado. Portanto, a chuva que cai hoje pode já ter molhado os horrorosos romanos ou encharcado os extintos dinossauros!

VAPOR DE ÁGUA SOBE

VAPOR ESFRIA E CONDENSA*

ÁGUA CAI COMO CHUVA

O RIO LEVA A ÁGUA ATÉ O MAR

MAR

RIO

O CICLO TODO COMEÇA DE NOVO

*VIRA GOTÍCULAS DE ÁGUA

Do vapor de água invisível às enormes nuvens de tempestade e chuvas torrenciais, o tempo está cheio de surpresas horríveis. Uma tempestade elétrica pode surgir do nada. Você consegue aguentar a pressão? Prepare-se para assistir a violentos fogos de artifício naturais...

RAIOS E TROVÕES

Você sabia que a qualquer hora do dia existem milhares de tempestades se formando na Terra? E uma delas pode estar perto de você! Nesse caso, prepare-se para um espetáculo grandioso. Admire-se enquanto o céu adquire tons negro-purpúreos com gigantescas nuvens de tempestade. Trema quando o espetáculo começar. Grite (de horror ou de alegria – você escolhe) quando um deslumbrante relâmpago for seguido pelo rugido ensurdecedor de seu trovão. ZAP! BANGUE! BRRRRUM! E acabou... será? Preste atenção, está começando de novo!

Mas espere um pouco: O que é uma tempestade? Você tem coragem suficiente para descobrir?

Seis fatos retumbantes sobre tempestades

1 Tempestades ocorrem quando o ar úmido próximo à superfície da Terra é aquecido pelo Sol e começa a subir. Elas se formam quase todos os dias em algumas regiões tropicais do mundo. Conforme o ar quente sobe, ele se resfria, criando nuvens cúmulos-nimbos gigantescas (veja página 54).

2 Outras tempestades começam ao longo de frentes frias, quando o ar frio empurra o quente para cima. Elas se formam numa fileira chamada "linha de instabilidade". Às vezes, a tempestade no fim dessa linha fica cada vez mais forte. Esse tipo está entre as maiores e mais malvadas tempestades. Com frequência, elas trazem consigo um amigo – o tornado!

AR FRIO ENTRA POR BAIXO DO QUENTE

AR FRIO

AR QUENTE SOBE, FORMANDO NUVENS DE TEMPESTADE

3 Se você quer se aventurar a prever o tempo, espere até ocorrer a próxima tempestade. Então diga aos outros para não se preocuparem, que tudo vai passar em 30 minutos. Você provavelmente vai acertar, porque a maioria das tempestades logo perde a força.

> FALTA POUCO, AGORA!

4 Tempestades têm muita energia. O suficiente para abastecer um país como os Estados Unidos por 20 minutos. E se você pensar que a cada dia ocorrem cerca de 45 mil tempestades em todo o mundo, verá que se trata de uma quantidade espantosa de energia. Existem pelo menos 2 mil delas se preparando para estourar enquanto você lê este livro!

5 Aquilo que sobe, desce. Em uma nuvem de tempestade, o ar que sobe tem de acabar caindo, e isso provoca explosões de ar, chamadas de microexplosões. Elas arrastam chuva torrencial consigo. Pior ainda: quando uma explosão dessas atinge o solo, ela se espalha, causando ventos de até 160 km/h. Isso é especialmente perigoso para aviões. Em 1983, uma microexplosão derrubou um avião que tinha decolado de Nova Orleans, Estados Unidos. E não existe um modo fácil de prever quando vai acontecer esse fenômeno.

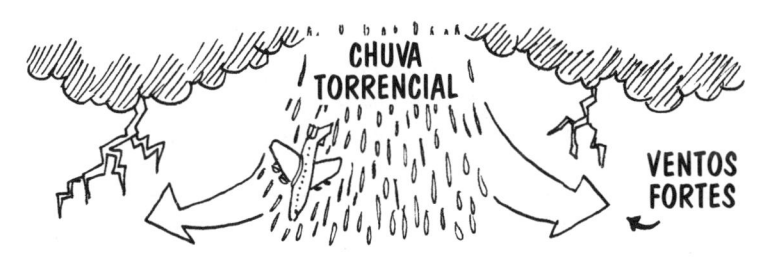

CHUVA TORRENCIAL

VENTOS FORTES

6 Conforme a nuvem de tempestade suga o ar quente para cima, violentas correntes de ar se agitam dentro dela. Elas se movimentam pela nuvem com tanta velocidade que podem arrancar as asas de um avião. E levar os pilotos para um passeio aterrorizador, como o aeronauta americano tenente coronel William Rankin descobriu em julho de 1959. Ele voava sobre o litoral das Carolinas, nos Estados Unidos, quando o motor de seu jato repentinamente parou. Rankin foi obrigado a saltar... direto em uma nuvem de tempestade. Inacreditavelmente, ele sobreviveu para contar sua história:

> No começo eu não entendi o que estava acontecendo. Foi tudo tão rápido que não tive tempo para pensar. Tudo o que eu sabia era que tinha de abrir o paraquedas. Era mais fácil falar do que fazer. Quando consegui abri-lo, já tinha tomado uma surra daquelas! Eu me vi num oceano furioso de nuvens fervilhantes, todas em preto, cinza e branco, batendo umas nas outras. Os ventos eram incríveis. Fui arremessado em todas as direções - para cima, para baixo, de lado - repetidas vezes. E a escuridão... eu não conseguia ver nada. E não queria ver nada. Eu mantinha os olhos bem fechados. Era como estar numa jaula de animais selvagens, todos guinchando e rugindo, batendo-me com suas patas enormes, tentando me matar esmagado. Mas a chuva era o pior. Às vezes me sentia no meio de tanta água que achei que morreria afogado em pleno ar.

Por algum milagre, meu paraquedas ficou inteiro e eu finalmente escapei da nuvem, atravessando sua base.

O paraquedas ficou preso numa árvore, interrompendo minha queda, e pousei suavemente numa campina. Eu deveria ter levado 11 minutos para cair do avião até o solo. Mas levei 40. Quarenta minutos no inferno. Eu me recompus e cambaleei até a estrada, onde consegui uma carona até o hospital. Os médicos disseram nunca ter visto nada igual. Mas fora o choque e de algumas feridas causadas pelo frio, eu estava inteiro. Realmente tive muita sorte...

tenente coronel
William Rankin

Avisos de tempestade

Não precisa entrar em pânico, o que aconteceu com o tenente coronel Rankin é muito, muito raro. A melhor coisa que você tem a fazer é manter distância das tempestades. Mas o que fazer para saber que uma está se aproximando? Quais dos sinais abaixo você acha que são muito idiotas para serem verdadeiros? Dá para dizer que uma tempestade está chegando porque...

a) Você fica com uma dor de cabeça de rachar? Verdadeiro/falso?
b) Seu cabelo fica em pé? Verdadeiro/falso?

c) As nuvens ficam verdes? Verdadeiro/falso?
d) O leite azeda? Verdadeiro/falso?

Respostas: a) Possivelmente verdadeiro. Isso pode significar que uma tempestade está se formando, no que você está estudando muita geografia. Algumas pessoas são sensíveis às condições meteorológicas e têm dores de cabeça quando o ar fica úmido ou cheio de eletricidade estática. Outras pessoas dizem que podem sentir a mudança de tempo em seus ossos. Aí! **b)** Possivelmente verdadeiro. Mas, se acontecer, pode ser tarde demais. Um raio pode estar para cair em poucos minutos. Seu cabelo fica em pé porque há muita eletricidade estática no ar. **c)** Possivelmente verdadeiro. Se a nuvem ficar ligeiramente verde na parte de baixo, prepare-se para a chuva de granizo. (Se o seu irmãozinho ficar verde, ele provavelmente vai vomitar!) **d)** Absolutamente falso. Conversa mole. O leite azeda se você o deixar fora da geladeira em um lugar quente, o que não tem nada a ver com tempestades.

Já houve um tempo em que as pessoas achavam que raios e trovões não tinham qualquer relação com as condições climáticas. Elas acreditavam que raios e trovões fossem armas usadas pelos deuses quando estes ficavam muito, muito bravos. A palavra "trovão" vem de Thor, o deus nórdico dos trovões. Ele era famoso por seu temperamento furioso e produzia trovões atirando seu enorme martelo céu afora.

O TROVEJANTE THOR

DE MANHÃ BEM CEDO EM ASGARD, LAR DOS DEUSES...

Em seu palácio, Thor, o deus do trovão, abriu os olhos e se espreguiçou. Ele levou a mão até a mesa de cabeceira. Mas não havia nada lá. Seu precioso martelo havia sumido...

UAAM!

SUMIU!

Thor ficou furiosíssimo...

LOKI! VENHA JÁ AQUI!

ENCONTRE MEU MARTELO, SENÃO... AGORA MESMO, CHEFE. NÃO ARRANQUE OS CABELOS! Loki transformou-se em falcão e partiu, voando...	Ele chegou ao castelo do gigante do gelo, Thrym, que roubara o martelo. DEVOLVA-O! OU VAI SE ARREPENDER! NADA DISSO! SÓ DEPOIS QUE ME CASAR COM FREYJA!
Freyja era a deusa do amor. Quando ouviu que Thrym queria se casar com ela, irrompeu em lágrimas... MAS ELE É TÃO FEIO! VOU TOMAR ISSO COMO "NÃO", ENTÃO.	O problema é que o martelo de Thor era a única arma do deus contra os gigantes... TENHO UM PLANO. OUÇA O QUE FAREMOS, CHEFE... VOU VESTIR O QUÊ?
Em vez de Freyja, eles puseram um vestido de casamento em Thor, com um véu, para esconder sua barba... GRRR! ELE ESTÁ LINDO. ESSE CAPACETE NÃO DÁ!	Na festa de casamento, Thor comeu um boi inteiro, oito salmões grandes e bebeu três barris de hidromel... BURP! MINHA GAROTA! O estúpido Thrym não desconfiou de nada...

[Quadrinho 1:]
ENTÃO CHEGOU A HORA DOS PRESENTES DE CASAMENTO.
EU COMPREI ISTO PARA VOCÊ, QUERIDA. ESPERO QUE GOSTE.

[Quadrinho 2:]
Thor arrancou o véu e socou Thrym.
ADOREI, OBRIGADO! TCHAU!
ENTÃO, ELE E LOKI VOLTARAM PARA ASGARD. THRYM NUNCA MAIS CHEGOU PERTO DOS DEUSES!

O que são relâmpagos?

Conforme o ar se agita dentro de uma nuvem de tempestade, ele cria um efeito eletrizante.

[Diagrama: VUUCH! CRAC! BRRUMM! AR CORRE PARA CIMA E PARA BAIXO — ELETRICIDADE ESTÁTICA SE ACUMULA — POP!]

O ar faz com que as gotículas de água e partículas de gelo dentro da nuvem batam umas nas outras. Toda essa atividade produz um estoque de eletricidade estática. O relâmpago ou raio que você vê cortando o céu, durante uma tempestade, é uma faísca gigantesca de eletricidade estática. Trata-se do mesmo tipo de coisa que faz seus pelos ficarem em pé quando você tira um agasalho rapidamente. Veja como os relâmpagos relampejam:

1 Cargas elétricas positivas acumulam-se no topo da nuvem. Cargas negativas se acumulam na sua base. O solo também está carregado positivamente.

2 Quando a diferença fica muito grande, relâmpagos ocorrem entre as cargas negativa e positiva da nuvem. Dentro da nuvem, o relâmpago é chamado de intranuvem.

3 Também existem relâmpagos nuvem-nuvem (de uma nuvem para outra), nuvem-solo (da nuvem para o solo) e solo-nuvem (do solo para a nuvem, um fenômeno mais raro).

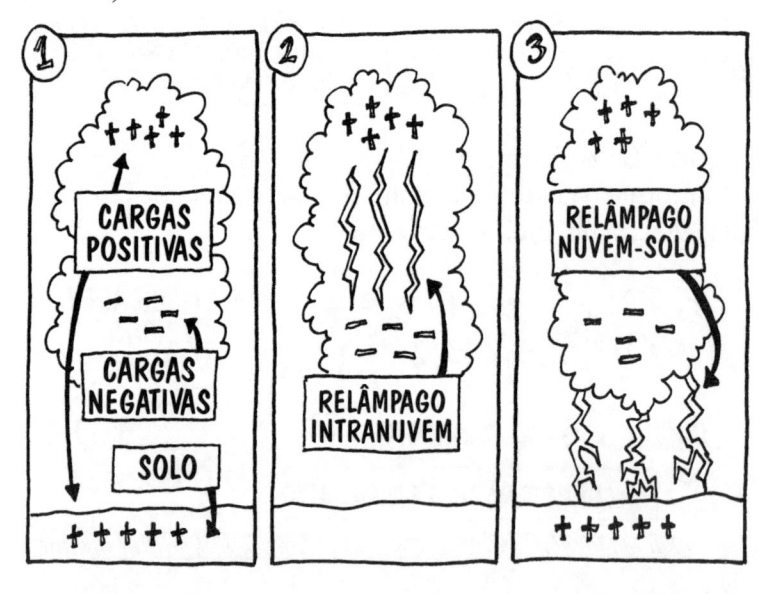

    Relâmpagos nuvem-solo pegam o caminho mais fácil até o solo. Isso geralmente significa o mais rápido. Árvores e edifícios altos são os alvos favoritos. Felizmente, a maioria dos relâmpagos são do tipo intranuvem ou nuvem-nuvem. Mesmo assim, os geógrafos calculam que cerca de cem horríveis relâmpagos atingem a Terra A CADA SEGUNDO!

    Quando você vê um relâmpago, vê também o retorno do solo até a nuvem. Aos seus olhos, tudo parece um único e cintilante clarão. Isso acontece porque o relâmpago desloca-se com muita rapidez (a velocidades incrivelmente rápidas, de até 140 mil quilômetros por segundo). Na verdade, existem trinta ou mais raios separados correndo entre a nuvem e o solo. Cada raio dura frações de segundo. Seus olhos quase não conseguem perceber esses minirrelâmpagos, e é por isso que o fenômeno todo parece cintilar.

Você conhece o ditado que diz que "raios não caem duas vezes no mesmo lugar"? Bem, isso é uma bobagem, porque caem! O edifício Empire State, em Nova York, é atingido cerca de quinhentas vezes por ano. E não são só os prédios que correm perigo...

26 de junho **Jornal Mundial** 1977

WAYNESBORO, VIRGINIA, EUA

ROY "PARA-RAIOS" ATINGIDO OUTRA VEZ!

O guarda-florestal aposentado Roy C. Sullivan se encontra hoje em recuperação. Ontem, ele foi atingido por um relâmpago... pela sétima vez em 35 anos. Roy, 65 anos, é prova viva de que os raios podem cair, sim, duas vezes no mesmo lugar.

As experiências literalmente chocantes de Roy fizeram com que ele ganhasse o apelido de "Roy Para-Raios". Ele foi atingido pela primeira vez em abril de 1942, quando trabalhava numa torre de observação no parque. "A torre foi atingida sete ou oito vezes", ele conta, "então decidi sair de lá." Ele estava a cerca de um metro da torre quando um raio o atingiu, queimando uma parte de sua perna direita e arrancando o dedão de seu pé.

RAIOS O PARTAM!

Em 1969, Roy perdeu as sobrancelhas e, em 1970, um relâmpago queimou seriamente seu ombro esquerdo. Ele foi atingido novamente em 1972 e 1973, ocasiões em que seu cabelo pegou fogo. Na segunda vez, o raio veio do nada, jogando-o para fora do seu carro e queimando suas duas pernas. Um raio, em 1976, machucou seriamente seu tornozelo.

"Dá para perceber que o raio está vindo, mas aí já é muito tarde", ele explicou. "Você sente o cheiro de enxofre no ar, então seu cabelo fica em pé e, em seguida, você é atingido. É como levar uma marretada. Não dá tempo para fazer nada."

O sétimo e mais recente relâmpago pegou Roy numa pescaria. "Eu senti o cheiro de enxofre e olhei para cima", ele contou. "Foi quando vi o raio descendo. Blam! Espero que esta seja a última vez. Sete vezes está de bom tamanho. Na verdade, já é demais."

O espantoso Roy sabe que tem sorte de estar vivo. Não existem outras pessoas que foram atingidas mais de três vezes e sobreviveram. Roy se mostra resignado. Quando perguntei a ele por que parecia que os relâmpagos o escolhiam como alvo, Roy balançou a cabeça e sorriu. "Algumas pessoas são alérgicas a flores", ele disse. "Acho que sou alérgico a relâmpagos."

ALERGIA MORTAL

Supere seu professor

Por sorte, Roy C. Sullivan não era ceraunofóbico. Esse é o termo técnico para pessoas que têm medo de raios. Quer passar a perna no seu professor? Levante a mão e diga:

> PROFESSOR, POSSO FALTAR A ESTA AULA? MEU PAI DISSE QUE EU SOU BRONTOFÓBICO.

Isso significa que você...
a) tem medo de trovões?
b) tem medo de brontossauros?
c) tem medo de jogar futebol?

Resposta: a) *Brontofobia é o termo técnico para medo de trovões.*

Existem muitas outras fobias relacionadas a tempo ruim que podem servir como ótimas desculpas. Que tal ombrofobia (medo de chuva), anemofobia (medo do vento), quionofobia (medo da neve) e homiquiofobia (medo de neblina)? Você tem os sintomas de alguma dessas fobias?

> PERDÃO, PROFESSORA, MAS SOU OMBROFÓBICO, ANEMOFÓBICO, QUIONOFÓBICO E HOMIQUIOFÓBICO!

> VOCÊ É UM FOLGADO!

Se você realmente for brontofóbico, talvez queira pular a próxima parte.

O que é um trovão?

E você, também tem medo de trovão? Ele faz um monte de barulho, mas não pode fazer mal a ninguém. Mas como é que isso acontece? Amanda nos explicaria assim:
Um raio é algo quente. Cerca de cinco vezes mais quente que a superfície do Sol, para começar. Quando rasga o céu, o ar em seu caminho se aquece a inacreditáveis 33.000 °C. Isso faz o ar se expandir a uma velocidade supersônica, o que envia ondas de choque através do céu. É isso o que provoca o ruído retumbante de um trovão.

Você já reparou como, durante uma tempestade, primeiro se vê o raio e depois se ouve o trovão, embora os dois aconteçam exatamente ao mesmo tempo? Isso é porque a luz viaja através do ar muito mais rapidamente que o som. Enquanto o relâmpago chispa a 140.000 km/s, o som vem lá atrás, a míseros 340 m/s. Tem uma tempestade se aproximando? Faça este teste simples para adivinhar a distância que ela está de você.

Você vai precisar de:
- Você mesmo
- Uma tempestade
- Um relógio com ponteiro de segundos

O que você vai fazer:
1. Espere pelo clarão de um relâmpago e então olhe para o relógio.
2. Conte os segundos até ouvir o trovão.
3. Divida o número de segundos por três. O resultado informa a quantos quilômetros a tempestade está de você...

> SE DECORREREM CINCO SEGUNDOS ENTRE O RELÂMPAGO E O TROVÃO, A TEMPESTADE ESTÁ A APENAS DOIS QUILÔMETROS DE DISTÂNCIA. CUIDADO! ESTÁ BEM PRÓXIMA!

Segurança em tempo ruim

Relâmpagos podem ser instigantes, mas cuidado, pois eles matam. Apenas no Brasil, cerca de 150 pessoas morrem por ano atingidas por raios. Muitas outras sofrem ferimentos sérios. Assim, se você for pego por uma tempestade, o que pode fazer? Tente se lembrar da lista que apresentaremos a seguir e terá uma boa chance de sobreviver.

A maioria dessas dicas de sobrevivência tem a ver com bons e maus condutores. Não, não do tipo que conduz veículos como trens. Estou falando de condutores de eletricidade. Algumas coisas são melhores condutoras que outras, por exemplo, água e metal. Isso significa que a eletricidade flui facilmente através delas.

NÃO...

- **Não fique debaixo de uma árvore alta.** O relâmpago sempre toma o caminho mais rápido até o solo, de modo que árvores e edifícios altos são alvos. O mesmo vale para postes de luz, antenas e topos de montanhas (montanhistas, cuidado!). NUNCA fique sob uma árvore durante uma tempestade. Principalmente se ela for a única nas redondezas. Um raio direto pode derrubar a árvore mais sólida. Você pode ser atingido por fragmentos do tronco explodido. Isso acontece quando a seiva (um bom condutor) se expande com o calor. E, para garantir que você seja destruído, a árvore ainda pode cair sobre a sua cabeça. Madeiraaaa!

- **Não dispute uma partida de golfe.** Jogar golfe durante uma tempestade pode prejudicar seriamente a sua saúde. Principalmente porque, se você estiver num campo de golfe, vai ser a coisa mais alta por lá – um alvo perfeito para um relâmpago. Tacos de metal também são ótimos condutores. Então, esqueça o golfe. A não ser que você esteja no Arizona, EUA. Lá, um avançado clube de golfe possui sensores especiais na sede. Os equipamentos detectam relâmpagos a até 48 quilômetros de distância. Quando o perigo se aproxima, os golfistas são avisados por uma sirene.

- **Não vá pescar com seu pai.** Lembra do Roy "Para--Raios" Sullivan? Duas vezes mais pescadores que golfistas são atingidos por relâmpagos, porque usam varas compridas de fibra de carbono, que são ótimas condutoras. Faça o que fizer, não pule no rio. Nadadores são alvos perfeitos para relâmpagos, porque a água é outro ótimo condutor.

- **Não vá badalar sinos.** Antigamente, as pessoas pensavam que podiam espantar os raios badalando os sinos da igreja. (Pergunte ao seu professor se ele se lembra disso.) BIM! BOM! ZAP! Essa ideia deu errado... e muito. A combinação letal de estar numa torre alta de igreja, badalando um sino de metal, resultou em muitos badaladores fritos.

- **Não telefone para um amigo.** Falar ao telefone durante uma tempestade elétrica expõe você a um choque feio. O raio pode enviar uma descarga mortal através da sua linha de telefone. O melhor é não usar o telefone durante uma tempestade e ficar longe de outros equipamentos elétricos, como computadores e TVs. A cada ano, nos EUA, centenas de aparelhos de TV explodem quando relâmpagos atingem as antenas externas e passam para dentro da casa. E cerca de 28 pessoas são mortas ao telefone anualmente.

SIM...

- **Abaixe-se.** Estar ao ar livre durante uma tempestade é arriscado. A maioria dos acidentes acontece em lugares abertos, como parques e campos. Se você for pego pela tempestade num lugar desses, abaixe-se com os pés juntos e abrace os joelhos. Isso fará de você um alvo menos óbvio. Não se deite no chão, pois o solo molhado pode ser um bom condutor.

- **Calce suas galochas.** Estar ao ar livre é muito perigoso, mas calçar galochas é uma boa ideia. Elas são feitas de borracha, que é um mau condutor de eletricidade. Portanto, bloqueiam o caminho do relâmpago até o solo, fazendo-o seguir outra rota, sem nem mesmo tostar seus dedinhos.
- **Fique dentro de um carro.** Ficar dentro do carro é uma alternativa bastante segura. O relâmpago corre ao redor da carroceria de metal e para nos pneus de borracha. E você fica sossegado.

- **Pode voar de avião.** Se estiver dentro de um avião e surgir uma tempestade elétrica, sua viagem vai ser turbulenta, mas você estará em segurança. Como no carro, a fuselagem de metal do avião conduz a corrente à volta dos passageiros. Antes mesmo de um avião voar, ele recebe um raio de mentira num laboratório. Apenas para garantir que ele é absolutamente seguro. Existe até uma blindagem contra raios em todos os instrumentos da cabine.

- **Fique em casa.** Esse é o lugar mais seguro para você ficar. Se quer permanecer em segurança, fique dentro de casa e assista à tempestade do conforto de sua poltrona.

Segurança em casa

Infelizmente, não há garantia de que você estará absolutamente a salvo dentro de casa (embora seja muito mais seguro que estar fora). Mas a inteligência de um homem tornou as residências mais seguras. Foi ninguém menos que Benjamin Franklin, o extraordinário jornalista, inventor, político, estadista, poeta e cientista. Impressionante, não é? Mas a família dele não achava. Veja como Benjamin pode ter tentado impressionar seu cético pai com uma carta sobre sua descoberta chocante.

Filadélfia, EUA
Verão de 1752

Caro papai,

Eu tinha de escrever a você para contar sobre minha última e absolutamente brilhante ideia. O senhor vai ficar com muito orgulho de mim. Agora preste atenção, foi assim que aconteceu:

A maioria das pessoas diria que tivemos um verão horrível. O tempo está ruim há muitas semanas. Chuva? Rá, não consigo pensar num dia recente em que não tenha chovido a cântaros. A maioria das pessoas está cansada disso. Mas eu tenho me divertido.

eu, cantando na chuva

Ontem tivemos a mãe de todas as tempestades. Foi tremendamente estimulante. A ocasião perfeita para eu testar minha mais recente ideia. Espere até escutar isso! É um dispositivo para proteger os edifícios de raios.

Enfim, a tempestade estava em seu ponto alto, realmente furiosa, quando saí de casa com minha pipa.

Não me entenda mal, papai, isso não era nenhuma brincadeira de criança. Era uma experiência séria, e a pipa, meu equipamento mais adequado. Eu a liguei a um pedaço comprido de fio e prendi uma chave na extremidade. Minha intenção era atrair um relâmpago para a chave. Sim, eu sabia que era perigoso, mas sabia que, se desse certo, até mesmo você diria que valeu a pena.

Eu queria que o fio servisse como um tipo de para-raios. Ele deveria absorver o raio e direcioná-lo para o chão. Dessa forma, podemos evitar que os edifícios sejam danificados e, o mais importante, evitar que as pessoas dentro deles sejam atingidas.

Tudo funcionou como num sonho, papai. Melhor do que eu esperava. Funcionou mesmo! Eu soltei a pipa, o relâmpago a atingiu, desceu pelo fio e chegou na chave. Dava para ver as faíscas pulando da chave. Ela estalava com a eletricidade.

Eu não disse que você teria orgulho de mim? Tudo o que preciso fazer agora é despertar o interesse de algumas empresas de eletricidade. Eu sei que vão amar essa ideia.

Não vão conseguir resistir. Isso vai me deixar rico. Iupii!

Pai, eu sei que você acha que essa coisa de ciência e experiências é perda de tempo. Mas como eu posso abandonar tudo o que já consegui e voltar a trabalhar na empresa da família? Fabricação de sabão não é comigo. Pelo menos agora você pode ver que eu levo a ciência a sério.

Preciso ir, agora. Um homem me procurou para saber se posso fazer um para-raios portátil para seu guarda-chuva.

Escreva-me dizendo o que você acha!

Seu filho,

Ben

TEMPO RUIM ADVERTE!

NÃO TENTE REPRODUZIR ESSA EXPERIÊNCIA! BEN FRANKLIN TEVE MUITA SORTE DE NÃO VIRAR UM ASSADO. RELÂMPAGOS E METAL SÃO UMA COMBINAÇÃO FATAL, PORQUE O METAL É ÓTIMO CONDUTOR. DIVERSOS CIENTISTAS MENOS AFORTUNADOS MORRERAM, DEPOIS, TENTANDO COPIAR A EXPERIÊNCIA DE BEN.

Se você mora num prédio, provavelmente há um para-raios instalado nele. Veja se consegue localizá-lo. Procure um cabo de cobre descendo pelo exterior do edifício. Olhe para o telhado e verá que o cabo chega numa haste de metal fixada no ponto mais alto do telhado.

O que é granizo?

Você já ficou surdo com os trovões e se assustou com os relâmpagos? O sofrimento ainda não acabou – a tempestade tem mais uma surpresa para você. Imagine a cena. Você está molhado até os ossos, quando... de repente, parece que um caminhão de granizos começa a bater na sua cabeça.

Raios! O melhor a fazer é sentar perto de uma lareira e, enquanto você descongela, aprender o que é o granizo.

1 O granizo aparece em nuvens de tempestade quando cristais de gelo são jogados para cima e para baixo. A cada "arremesso", uma camada de água se congela em cristal. Quando está pesada o suficiente, essa pedrinha de gelo, o granizo, cai até o chão. Se cortarmos um granizo ao meio, veremos que ele se parece com uma cebola congelada, com camadas alternadas de gelo transparente e gelo esbranquiçado.

2 Cinco pilotos alemães descobriram o quanto sofrem os cristais de gelo. Em 1930, eles pularam de um avião para dentro de uma nuvem de tempestade. E, assim, tornaram-se núcleos de granizos humanos. Cobertos de camadas de gelo, eles finalmente caíram congelados no

solo. Tragicamente, quatro aeronautas morreram. Foi um milagre que um deles tenha sobrevivido.

3 Esses pilotos não foram os únicos seres vivos a virar granizo. Em 1894, durante uma chuva de granizo nos EUA, uma tartaruga transformada em uma pedra de granizo do tamanho de um tijolo atingiu o solo. Ela também tinha sido jogada para cima e para baixo dentro de uma nuvem, enquanto era coberta de gelo. Mas ninguém sabe como ela foi parar lá em cima.

> UAU! QUE TARTARUGA VELOZ!

> E AINDA VOA!

4 É bom se proteger, se você for pego numa chuva de granizo. Eles normalmente são do tamanho de ervilhas e pesam menos de um grama, mas podem atingir o tamanho de laranjas. O que não é nada se comparado a...

5 ...um granizo do tamanho de uma melancia que caiu em Coffeyville, Kansas, EUA, em setembro de 1970. Ele pesava 750 gramas e tinha 45 centímetros de circunferência – um recorde mundial.

> ACABOU DE CAIR UM GRANIZO DO TAMANHO DE UMA MELANCIA!

> AHN... ISSO NÃO É NADA...

6 A maioria das chuvas de granizo duram menos de dez minutos, mas podem provocar milhões de reais de prejuízo. Elas destroem tetos e janelas, para-brisas de carros, arrancam folhas de árvores e arrasam plantações, quebrando ramos da grossura do seu polegar. O problema é tão sério que existe até seguro contra granizo.

Relâmpagos, trovões, chuva, granizo e tartarugas congeladas... o que mais o tempo ruim vai aprontar? Isso tudo que você viu não é nada. As nuvens de tempestade podem trazer coisa muito pior. Será que você tem coragem de enfrentar o próximo capítulo e se deixar levar pela espiral de um tornado?

TORNADOS TENEBROSOS

O que é, o que é: gira como pião, ruge como leão e pode destroçar uma casa em segundos? Não, não é o seu professor de mau humor. A resposta correta é: um tornado tenebroso. O tornado é uma tempestade em forma de funil, horrivelmente violenta, que se projeta de uma nuvem de tempestade, girando e girando. Se um tornado começar a rebolar perto de você, não fique parado assistindo, porque esse malvado destrói tudo que encontra em seu caminho. O problema é que nunca se sabe onde um tornado tenebroso vai surgir...

O que é um tornado?

Em Meteorologia, uma coisa sempre leva a outra. Lembra da linha de instabilidade? Aquilo que surge nas frentes frias? É aí que os tornados se formam. Os geógrafos não sabem exatamente o que faz um tornado surgir, mas têm algumas ideias. Você tem coragem para saber como se forma um tornado?

Baila comigo

1 Dentro da nuvem de tempestade o ar começa a girar. Ninguém sabe exatamente por quê. Lá embaixo, o solo aquece o ar.

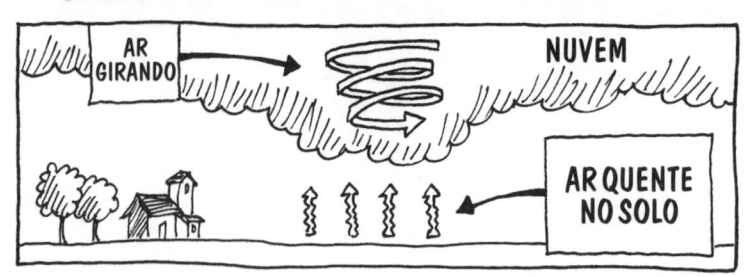

2 Conforme o ar gira, ele se estica na direção do ar quente próximo ao solo. Ele também começa a girar mais rapidamente.

3 Essa rotação suga o ar quente que está próximo ao solo.

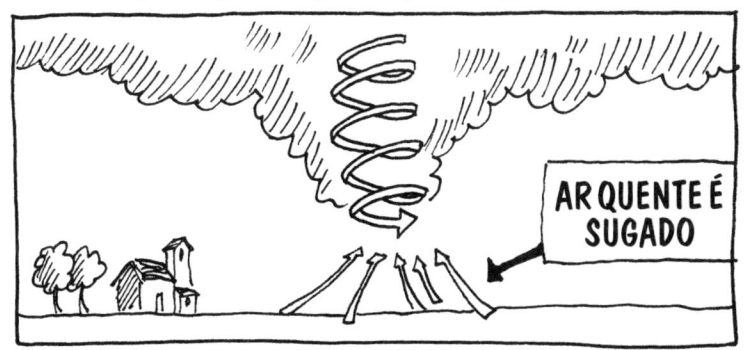

AR QUENTE É SUGADO

4 À medida que o ar quente sobe, ele se resfria e condensa, formando uma nuvem em forma de funil, que continua girando.

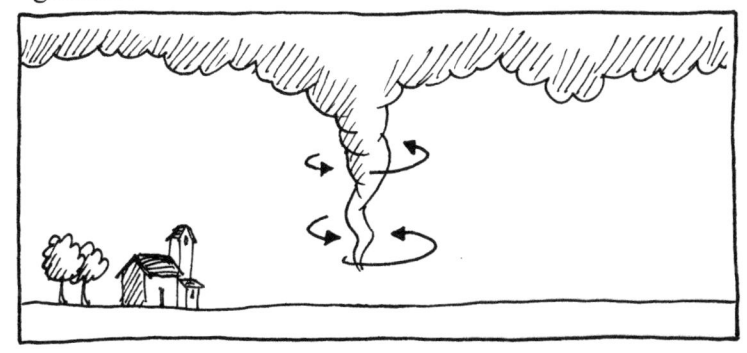

5 Essa nuvem se parece com uma tromba de elefante pendurada na nuvem de tempestade.
6 Quando ela atinge o solo, já é um tornado. E daí para frente...

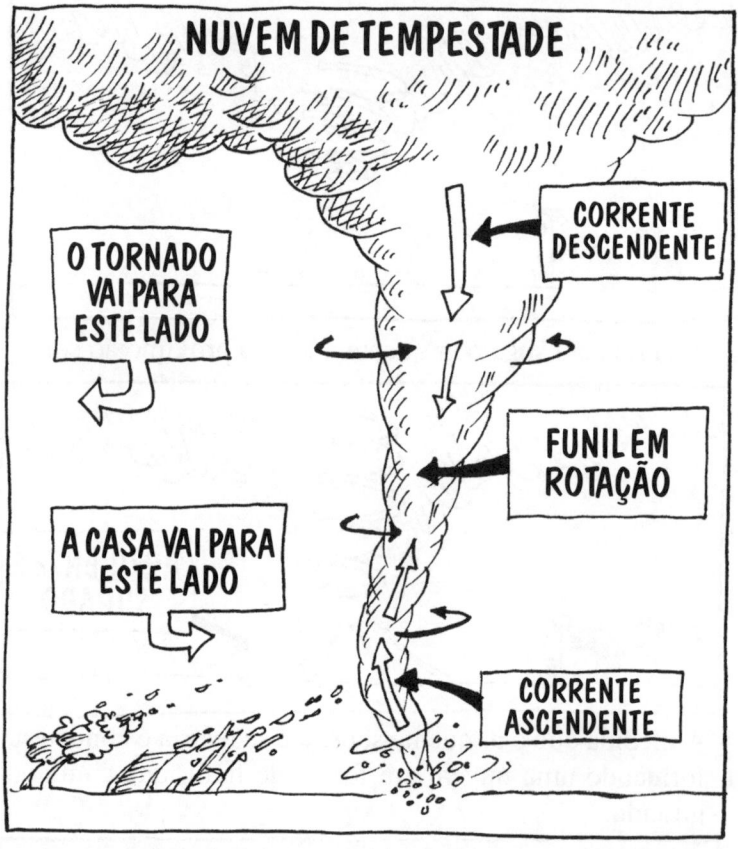

```
                NUVEM DE TEMPESTADE

  O TORNADO                          CORRENTE
  VAI PARA                            DESCENDENTE
  ESTE LADO

                                      FUNIL EM
                                      ROTAÇÃO

  A CASA VAI PARA
  ESTE LADO
                                      CORRENTE
                                      ASCENDENTE
```

Os tornados giram em sentido anti-horário no hemisfério norte e em sentido horário no hemisfério sul. Normalmente!

Curiosidades sobre tornados

Quer saber mais sobre os tenebrosos tornados, mas não sabe a quem perguntar? Vamos chamar uma perita. Aqui está Amanda, nossa meteorologista profissional, para um giro rápido sobre esse assunto.

ESSES TORNADOS DEVEM SER MUITO GRANDES, HEIN?

NÃO. PELOS PADRÕES DE TEMPESTADES, ELES NÃO SÃO MUITO GRANDES. (EMBORA ALGUNS TORNADOS SUPERENORMES POSSAM CHEGAR A 1 KM DE DIÂMETRO.) MAS TAMANHO NÃO É TUDO. TORNADOS PODEM SER PEQUENOS, MAS TÊM MUITA ENERGIA, O QUE SIGNIFICA QUE PODEM CAUSAR PROBLEMAS SÉRIOS.

E COMO ELES FAZEM ISSO?

BEM, O FUNIL PODE TER APENAS DEZ METROS DE DIÂMETRO, MAS OS VENTOS DENTRO DELE SÃO PODEROSÍSSIMOS. SÃO, NA VERDADE, OS MAIS FORTES DO MUNDO. ELES PODEM ATINGIR VELOCIDADES DE ATÉ 480 KM/H.

OS TORNADOS DEVEM CORRER MUITO!

> VARIA. A MAIORIA SE DESLOCA MAIS RÁPIDO DO QUE VOCÊ CONSEGUE ANDAR — UMA PESSOA CHEGA A CERCA DE 6,5 KM/H. A MAIORIA DOS TORNADOS PODE ATINGIR 32 KM/H, MAS ALGUNS QUASE NÃO SE MOVEM. POR OUTRO LADO, EXISTEM TORNADOS QUE CHEGAM A SE DESLOCAR A 115 KM/H.

> EU SOU MAIS RÁPIDO QUE ELE.

> BOA SORTE!

> MAIS RÁPIDO!

> E QUANTO TEMPO ELES DURAM?

> A MAIORIA DOS TORNADOS DURA CERCA DE CINCO MINUTOS, MAS ELES PODEM DURAR DE 1 SEGUNDO A VÁRIAS HORAS. QUANDO ACABA O AR QUENTE, ELES COMEÇAM A PERDER FORÇA. O TORNADO MAIS DEMORADO QUE JÁ SE REGISTROU DUROU SETE HORAS.

CREDO, DEVE TER SIDO TERRÍVEL. E SEMPRE APARECE SÓ UM DE CADA VEZ?

AH, NÃO, NEM SEMPRE. SE VOCÊ TIVER AZAR, PODE SE DEPARAR COM UM MONTE DE TORNADOS. ÀS VEZES ELES SE DESLOCAM EM GRUPOS DE ATÉ 40. SE VOCÊ DER DE CARA COM UMA TURMA DESSAS, SEUS PÉS NUNCA MAIS TOCARÃO O CHÃO. TORNADOS MUITO VIOLENTOS TENDEM A SE DESLOCAR SOZINHOS, MAS ALGUNS ARRASTAM CONSIGO MINI-TORNADOS. SÃO FUNIS MUITO MENORES E NÃO DURAM MUITO, MAS AINDA ASSIM EXIGEM ATENÇÃO. SÃO OS QUE PROVOCAM OS VENTOS MAIS FORTES.

TORNADOS PARECEM MUITO INTERESSANTES. AONDE POSSO IR PARA VER UM?

ELES SE FORMAM EM TODO O MUNDO, ATÉ MESMO NO BRASIL. MAS SÃO RAROS. SE VOCÊ QUISER PEGAR ALGUNS DOS MAIS FEROZES, VIOLENTOS E RODOPIANTES, TEM DE IR PARA O CORREDOR DOS TORNADOS, UMA REGIÃO NOS ESTADOS UNIDOS AO NORTE DO ESTADO DO TEXAS... VEJA ESTE MAPA...

CORREDOR DOS TORNADOS, EUA

IDAHO · DAKOTA DO SUL · IOWA · INDIANA · NOVA YORK
NEVADA · KANSAS · KENTUCKY
COLORADO · TENESSEE
NOVO MÉXICO · MISSISSIPPI
TEXAS · FLÓRIDA
MÉXICO

CORREDOR DOS TORNADOS

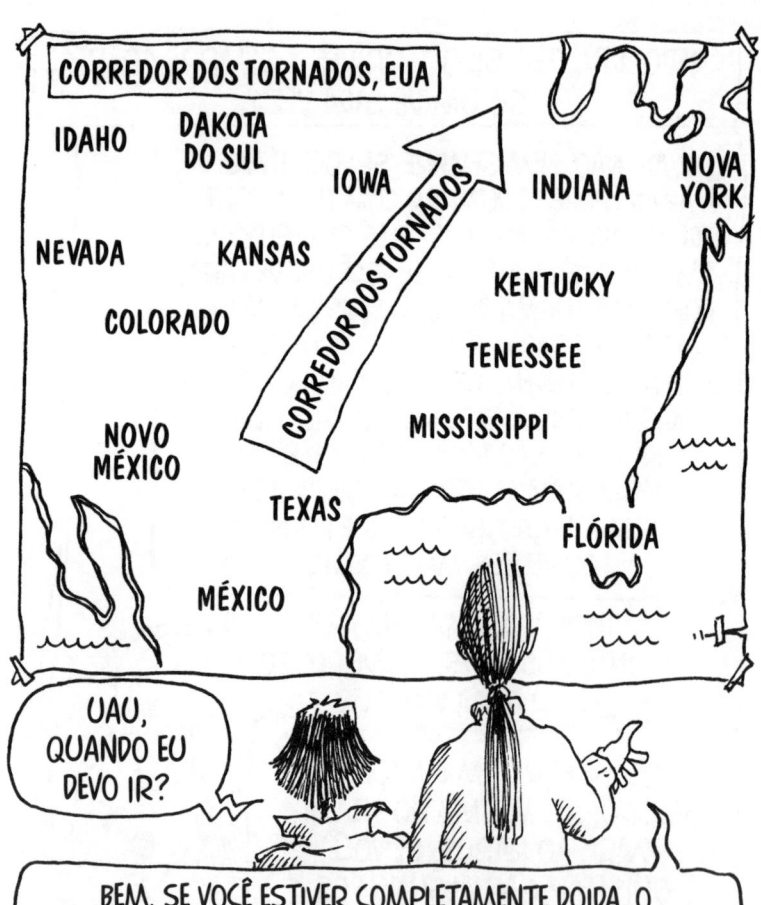

> UAU, QUANDO EU DEVO IR?

BEM, SE VOCÊ ESTIVER COMPLETAMENTE DOIDA, O CORREDOR DOS TORNADOS VIVE SEU AUGE NA PRIMAVERA E NO COMEÇO DO VERÃO – EXATAMENTE QUANDO MUITAS PESSOAS QUE MORAM NA REGIÃO APROVEITAM PARA FAZER AS MALAS E IR VISITAR UMA TIA QUE HÁ MUITO NÃO VEEM (MAS NÃO AQUELA QUE MORA NA AUSTRÁLIA, ONDE A TEMPORADA DOS TORNADOS DURA DE NOVEMBRO A MAIO). O ENGRAÇADO É QUE A MAIORIA DOS TORNADOS APARECE ENTRE 2 E 6 HORAS DA TARDE.

— E ELES DESTROEM TUDO EM SEU CAMINHO?

— MAIS OU MENOS. QUANDO UM TORNADO ATINGE O SOLO, ELE PULVERIZA TUDO EM SEU CAMINHO. VIRA CARROS, DESINTEGRA CASAS E TRANSFORMA ENTULHOS VOADORES EM ARMAS MORTAIS. MAS TORNADOS SÃO CAPRICHOSOS. PARECE ESQUISITO, MAS ELES DÃO PULOS. ISSO QUER DIZER QUE ELES PODEM DESTRUIR SUA CASA, MAS NÃO A DO VIZINHO.

IAAU!

— CÉUS! COMO DEVE SER O SOM DE UM TORNADO?

— TESTEMUNHAS DESCREVEM O BARULHO COMO UM RUGIDO ENSURDECEDOR, COMO O DE UM TREM EXPRESSO OU AVIÃO A JATO PASSANDO NA PORTA DE SUA CASA. OU UM GRITO DE ESTOURAR OS TÍMPANOS, TÃO ALTO QUE PODE SER OUVIDO A 40 KM.

> HUMM, TALVEZ EU FIQUE EM CASA, AFINAL.

> QUANDO A TROMBA DO TORNADO DESCE DA NUVEM DE TEMPESTADE, ELA PRODUZ UM TIPO DE ASSOBIO HORRÍVEL, MAS QUANDO ATINGE O SOLO, RUAARRRR! É UM SOM QUE O POVO DE JARRELL, UMA CIDADEZINHA SONOLENTA NO TEXAS, NUNCA VAI ESQUECER.

28 de maio — **Jornal Mundial** — 1997

JARRELL, TEXAS

TORNADO TEXANO TRANSTORNA CIDADE

Noite passada, os chocados habitantes de Jarrell contabilizavam os prejuízos provocados por um dos piores desastres a atingir o Texas nos últimos dez anos. O tornado, que tocou o solo por menos de cinco minutos, deixou Jarrell em ruínas e matou 32 pessoas. Em uma cidade de apenas 400 habitantes, cada sobrevivente conhece ao menos um dos que foram mortos.

A tragédia começou às 15h15, quando o tornado atingiu o solo. Uma testemunha aterrorizada o viu aproximar-se. "O céu começou a escurecer", ela disse ao nosso repórter. "Então o funil começou a descer do céu. Todo mundo entrou em pânico. A distância, ele parecia ter alguns poucos centímetros de altura. Depois, ele cobriu todo o horizonte. Conforme se aproximava, partes das casas começaram a voar. Ele erguia carros e os jogava por toda parte. Um chiado horrível era produzido pelas árvores sendo arrancadas." O tornado deixou uma trilha de destruição que se estendeu por quase dois quilômetros.

TORNADO TENEBROSO

O tornado mortal apareceu quase sem aviso, surpreendendo até mesmo os peritos. Os meteorologistas do Serviço Nacional do Tempo conseguiram dar o alarme apenas meia hora antes de o tornado atingir o solo. Jarrell só soube do desastre em andamento quando o céu vespertino se tornou preto e o funil apareceu, fazendo um rugido paralisante. Ninguém teve tempo de sair de seu caminho.

FUNIL FORMIDÁVEL

Dos que morreram, muitos eram pessoas que no momento ainda estavam dentro de seus carros ou nas cerca de 70 casas que estavam no caminho do tornado. Dezenas de pessoas ficaram feridas e agora se recuperam no hospital. No campo, é assustadora a visão das carcaças de vacas mortas enquanto pastavam. Na parte urbana, a cidade foi despedaçada.

Com ventos de até 450 km/h, esse tornado foi realmente impressionante. Ele foi classificado oficialmente como um tornado F4. Mais violento que isso, somente um F5. O xerife do condado, Ed Richards, tentou encontrar palavras para descrever a devastação produzida. "Isto aqui parece uma zona de guerra", ele disse. "É tudo o que consigo dizer. Não sei por quantos quilômetros os escombros estão espalhados." Outro sobrevivente atordoado, que procurava desesperadamente por sua mulher e sua filha, disse: "Minha casa sumiu. Tudo sumiu".

Uma operação de resgate está em curso neste momento, com cachorros ajudando equipes de voluntários a vasculhar os destroços. Enquanto eles buscam entre os escombros da cidade, as esperanças de encontrar sobreviventes vão se reduzindo. O xerife Richards desabafou: "Ainda esperamos encontrar alguém com vida, mas isso é esperar por um milagre".

Pondo para fora

Destruir uma cidade não é tudo que um tornado pode fazer. No centro dos tornados, a pressão cai para metade do que é no exterior, o que suga ar quente para o funil, fazendo-o girar cada vez mais rapidamente. (Os geógrafos chamam isso de vórtice.) Conforme o tornado dá seus pulinhos, o vórtice vai sugando tudo em seu caminho, como se fosse um gigantesco aspirador de pó. Depois ele cospe tudo. Realmente, esses tornados não têm modos...

Não é todo mundo que sabe que um tornado pode:

Fazer chover cobras e lagartos. Bem, sapos e peixes, pelo menos. Quando um tornado salta sobre lagos, ele pode sugar animais da água, arrastá-los consigo até perder a força e depois deixá-los cair no chão. E não são só peixes e sapos que eles pegam. Tornados já sugaram:

Pegar um trem. Todo mundo já ouviu falar que tornados erguem carros e os jogam longe. Mas, em maio de 1931, um tornado que passava por Minnesota, EUA, ergueu um trem de 350 toneladas. A composição foi arrancada dos trilhos e jogada 25 metros adiante, numa vala. Uau! Espantosamente, apenas um dos passageiros morreu.

Fazer mudanças. Em abril de 1880, um tornado no Missouri, EUA, mudou uma casa de lugar, jogando-a a 19 quilômetros da posição original. Outra casa, em Kansas, foi movida tão suavemente que seu dono nem reparou. Ele só percebeu que havia algo errado quando saiu pela porta da frente e tomou um tombo de 40 metros. Ai!

"Cuidar" de bebês. Em 1981, um tornado que passava pela cidade italiana de Ancona levantou para os ares um carrinho com o bebê dormindo dentro. Depois pousou o carrinho tão suavemente que a criança nem acordou.

Depenar galinhas. Sério! Alguns geógrafos tediosos atribuem isso à diferença de pressão. Conforme o tornado, com sua baixa pressão, passa sobre o galinheiro, a pressão normal, dentro das penas das aves, fica, repentinamente, muito mais alta que a pressão externa. Isso faz com que as penas estourem, sendo arrancadas da pele! Outros geógrafos acreditam que o vento forte simplesmente arranca as penas das galinhas. Esquisito.

Mudar de cor. A maioria dos tornados são pretos ou cinzentos, devido à poeira e sujeira que levantam do solo. Terra vermelha produz tornados vermelhos; vapor de água produz tornados brancos. Mas cor-de-rosa? Um tornado que passou por Wichita, Kansas, em abril de 1991, decidiu se enfeitar com flores. Ele devastou o viveiro de plantas da cidade, que estava cheio de gerânios para o dia das mães, e ficou cor-de-rosa, por causa de todas as pétalas. Que lindo!

Encontrar animais perdidos. Um tornado que atingiu a cidade de Sweetwater, Texas, em abril de 1986, arrancou um carro da estrada e esmagou sua janela traseira. Um policial foi ajudar o motorista e viu um gatinho assustado no banco de trás. Ele não pertencia ao motorista e não estava ali antes da tempestade. Depois o gato foi entregue a seu dono.

Dar carona. Imagine ser pego por um tornado. Como seria? Poucas pessoas veem um tornado de perto e vivem para contar a história. Uma exceção é o fazendeiro Roy S. Hall.

Em 3 de maio de 1943, um tornado atingiu sua casa em McKinney, Texas. Durante a tempestade, toda a família foi procurar abrigo no quarto. Segundos depois, a parede que os protegia desmoronou. Veja uma possível descrição da provação por que Roy passou:

"Quando a parede cedeu, a tempestade repentinamente parou com seu guincho horripilante. Foi como se eu tivesse posto as mãos sobre as orelhas para bloquear o barulho. A única coisa que conseguia ouvir era meu coração batendo. O silêncio era assustador. Uma luz azul, estranha, iluminou o quarto. De repente, fui arrancado do chão e soterrado por entulho. Saí dali abrindo meu caminho na unha, abracei minha filha e esperei a casa ser despedaçada. Então eu vi...

Ele desceu sobre a gente e ficou pairando ali, praticamente parado. Parecia girar à nossa volta. De repente, eu percebi onde nós estávamos. Bem no meio da espiral!

Bem no meio, presos no interior de um tornado de verdade! Olhei ao redor e vi uma parede brilhante de nuvens, com cerca de três metros de espessura, à nossa volta. Era como se estivéssemos presos dentro de um cano com centenas de metros de comprimento. A espiral oscilava levemente de um lado para outro. Perto do solo, onde estávamos, o funil tinha cerca de 150 metros de diâmetro. Mas ficava mais largo em cima. Parte da nuvem tinha um brilho estranho, parecido com o de uma luz fluorescente bruxuleante.

Então, quando eu já tinha certeza de que iríamos morrer, vi a ponta do funil dar um salto e cair sobre o vizinho. Um horror! A casa dele foi despedaçada como se fosse feita de palitos de fósforo. Voou madeira para todo lado. Realmente achei que estávamos liquidados.

Mas, tão rápido como apareceu, o tornado foi embora. Estávamos feridos e em choque, mas pelo menos tínhamos sobrevivido."

O TORNADO CONTINUOU SUA JORNADA EM DIREÇÃO AO SUDESTE. A FELIZARDA FAMÍLIA HALL ESCAPOU QUASE ILESA, EMBORA SUA CASA TENHA SIDO DESTRUÍDA. MAS ELES CONCORDAM QUE O PREJUÍZO FOI RELATIVAMENTE PEQUENO...

FATOS TEMPESTUOSOS

Em 1996, a sonda espacial SOHO identificou um grupo gigantesco de tornados no Sol. Cada um tinha o mesmo diâmetro da Terra e girava a sensacionais 480.000 km/h. Isso faz nossos tornados terráqueos parecerem gatinhos mansos.

Como medir um tornado

Então, como os especialistas avaliam em que medida um tornado é horrível? Aqui, nossa própria especialista, Amanda, explica.

HMM... MEDIR A FORÇA DE UM TORNADO É UMA TAREFA COMPLICADA, MESMO PARA UMA METEOROLOGISTA ALTAMENTE TREINADA COMO EU. VEJA POR QUÊ:

① NINGUÉM DESENVOLVEU AINDA UM MÉTODO CONFIÁVEL PARA PREVER QUANDO E ONDE UM TORNADO VAI SURGIR. ASSIM, ESTAR NO LUGAR CERTO NA HORA CERTA É O PRIMEIRO PROBLEMA. E MESMO QUE, POR ALGUM MILAGRE, EU CONSIGA ESTAR LÁ, QUAL A PROBABILIDADE DE TER LEVADO MEU EQUIPAMENTO COMIGO? PEQUENA, JÁ QUE ELE É MUITO PESADO PARA EU FICAR CARREGANDO O TEMPO TODO.

② DENTRO DO TORNADO OS VENTOS SÃO TÃO FORTES QUE MESMO SE EU CONSEGUISSE ESTAR NO LUGAR CERTO, NA HORA CERTA E **COM** TODOS OS MEUS INSTRUMENTOS, ESTES SERIAM DESTRUÍDOS PELO TORNADO, DE QUALQUER MODO.

ENTÃO, O QUE EU POSSO FAZER? FELIZMENTE, A FABULOSA ESCALA FUJITA DE TORNADOS É ÚTIL NESSAS SITUAÇÕES. TRATA-SE DE UMA ESCALA DE SEIS GRADUAÇÕES QUE CLASSIFICA OS TORNADOS DE ACORDO COM O ESTRAGO QUE PRODUZEM E ENTÃO CALCULA A VELOCIDADE DO VENTO. VEJA COMO FUNCIONA...

ESPERE, VOU MOSTRAR DE PERTO!

A Escala Fujita de Tornados

escala	velocidade do vento	dano
F0	64-117 km/h	leve
F1	118-180 km/h	moderado
F2	181-251 km/h	considerável
F3	252-330 km/h	severo
F4	331-417 km/h	devastador
F5	mais de 418 km/h	incrível

Vire a página para saber detalhes sobre os danos →

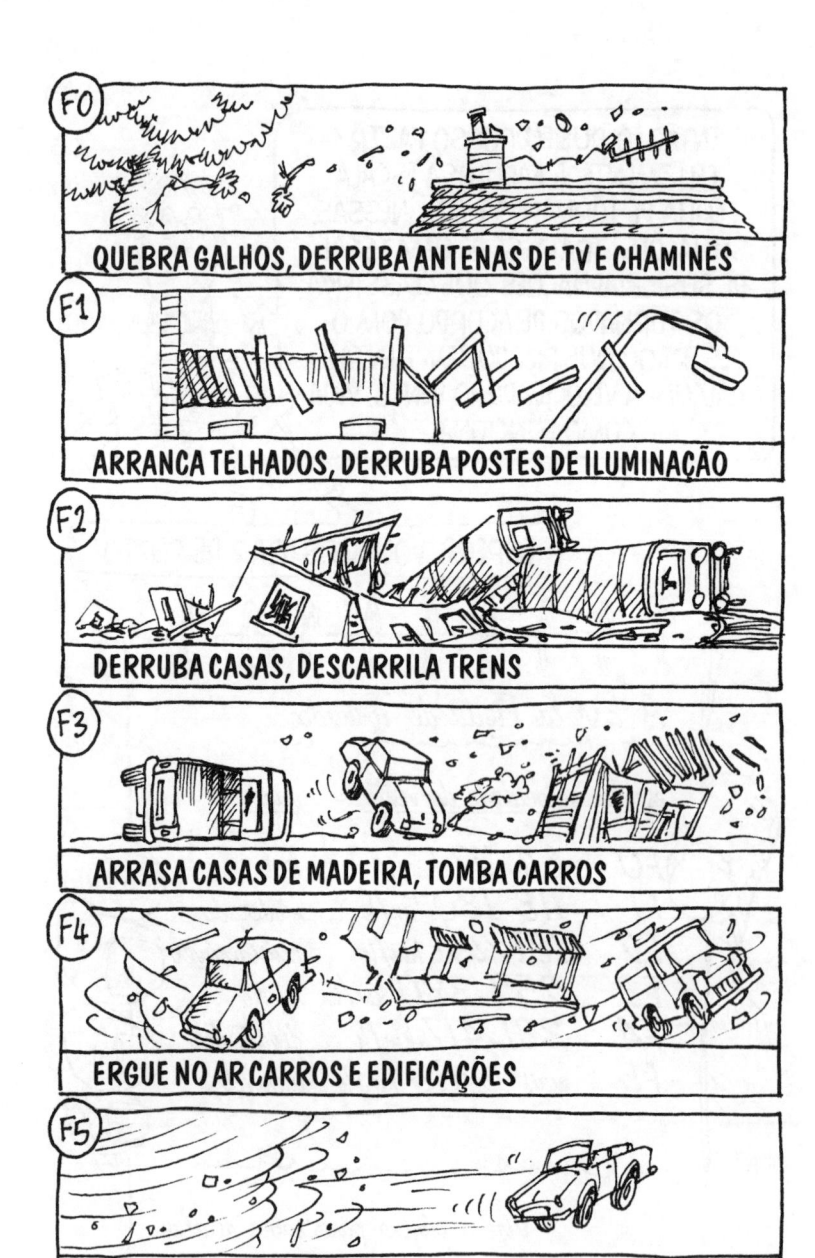

F0 QUEBRA GALHOS, DERRUBA ANTENAS DE TV E CHAMINÉS

F1 ARRANCA TELHADOS, DERRUBA POSTES DE ILUMINAÇÃO

F2 DERRUBA CASAS, DESCARRILA TRENS

F3 ARRASA CASAS DE MADEIRA, TOMBA CARROS

F4 ERGUE NO AR CARROS E EDIFICAÇÕES

F5 O VENTO MAIS FORTE DO PLANETA. ARREMESSA CARROS A CENTENAS DE METROS

Essa escala recebeu seu nome em homenagem ao professor Theodore Fujita, o "Sr. Tornado", como seus amigos o chamavam. O professor Fujita era apaixonado por tornados. Então ele fez um em seu laboratório. Por quê? Bem, o pobre professor teve de esperar mais de 30 anos para ver seu primeiro tornado de verdade. Ele até mesmo mandou fazer uma placa para seu carro com o número TF 0000! Chegou uma hora em que ele não aguentava mais esperar. Então, criou sua própria tempestade de laboratório.

A FORMIDÁVEL MÁQUINA DE TORNADOS DO PROFESSOR FUJITA

- **EXAUSTOR SUGA O AR PARA CIMA**
- **BOCAIS DE METAL EM ROTAÇÃO**
- **MINIFUNIL BRANCO, UM MINITORNADO**
- **GELO SECO* É DERRAMADO NA ÁGUA PARA PRODUZIR VAPOR PARECIDO COM NUVEM**
- **PEDAÇOS DE POLIESTIRENO. JOGADOS NA ÁGUA, O TORNADO OS SUGA, ELEVANDO-OS, E DEPOIS OS SOLTA.**
- **RECIPIENTE COM ÁGUA**

*TECNICAMENTE, TRATA-SE DE DIÓXIDO DE CARBONO TRANSFORMADO EM LÍQUIDO E DEPOIS CONGELADO.

Você tem coragem de testar um tornado?

Tudo bem, a maioria das pessoas não pode se dar ao luxo de ter seu próprio laboratório de tornados, mas existe outro modo de produzir um desses malvados. E você nem precisa de tanta coragem, pois não é difícil...

Você vai precisar de:
- Uma garrafa de plástico de água (vazia)
- Água
- Uma pia

O que você vai fazer:
1 Ponha água até a metade da garrafa (essa parte é fácil).
2 Coloque a garrafa sobre a pia (capriche na pontaria).
3 Vire a garrafa de cabeça para baixo. Rapidamente, comece a rodar a garrafa em suas mãos para que a água saia girando (pode requerer um pouco de prática).
4 Pare de rodar a garrafa.

O que aconteceu?
a) A água escorreu normalmente.
b) A água escorreu formando uma espiral.
c) Sua mãe lhe deu uma bronca por molhar toda a cozinha.

Resposta: b) *Sabe o que você fez? Iniciou um vórtice. É quando ele começa, continua girando. Isso é exatamente o que acontece num tornado.*

Você gostaria de ser um caçador de tornados?

O professor Fujita não era o único que desejava ver um tornado de verdade. Deixe para lá o futebol e o videogame; algumas pessoas caçam tornados para se divertir! O objetivo é encontrar um tornado e se dirigir até ele para filmá-lo, sem se machucar ou morrer. Demais! Você tem coragem suficiente para caçar tornados?

RESERVE AGORA*

FURACÃO TURISMO
ORGULHOSAMENTE APRESENTA

DEZ DIAS NO CORREDOR DOS TORNADOS

CANSADO DE FICAR À TOA NUMA PRAIA?
NÃO AGUENTA MAIS AS CAMINHADAS E O AR PURO?
MAS NÃO QUER ABRIR MÃO DE SUAS MERECIDAS FÉRIAS?

☆☆ SUA PROCURA ACABOU! ☆☆

PARA AS MELHORES (E TALVEZ ÚLTIMAS) FÉRIAS DE SUA VIDA, RESERVE AGORA NOSSO PACOTE DE DEZ DIAS DE CAÇA A TORNADOS — FÉRIAS COM VENTO NA NUCA! TEMPESTADES, VENTOS E EMOÇÕES ABUNDANTES. O PREÇO INCLUI TRANSPORTE EM CAMINHÃO DE LUXO E SERVIÇOS DE UM GUIA EXPERIENTE NA CAÇA A TORNADOS. ALGUÉM QUE REALMENTE SABE QUANDO É HORA DE CORRER!

*RESERVE AGORA
(VAGAS LIMITADAS)

FÉRIAS HORRÍVEIS
FIQUE DE CABELO EM PÉ!

LETRAS PEQUENAS
NÃO HÁ GARANTIAS DE QUE VOCÊ VÁ VER UM TORNADO! DESCULPE, MAS ELES NÃO SÃO CONFIÁVEIS. ALGUMAS PESSOAS VÊM ANO APÓS ANO E NUNCA VIRAM NADA. LEMBRE-SE, TAMBÉM, DE FAZER SEGURO DE VIDA E TRAZER SEU ESTOJO DE PRIMEIROS SOCORROS. NÃO GARANTIMOS QUE VOCÊ VOLTE INTEIRO(A).

DICAS DA AMANDA PARA CAÇAR TORNADOS

BEM, NÃO POSSO DIZER QUE APROVO A IDEIA, MAS JÁ QUE NÃO CONSIGO IMPEDI-LO DE EMBARCAR NUMA AVENTURA TEMERÁRIA DESSAS, PREFIRO QUE VÁ BEM PREPARADO. ESTAS DICAS PODEM AJUDÁ-LO A VER O TORNADO ANTES QUE ELE O VEJA. (POR OUTRO LADO, VOCÊ PODE EXPERIMENTAR OUTRO PASSATEMPO. OUVI DIZER QUE SALTAR DE PARAQUEDAS E VOAR DE ASA-DELTA FAZEM A ADRENALINA SUBIR ÀS ALTURAS E, EM COMPARAÇÃO, ATÉ QUE SÃO SEGUROS!)

DICA 1

VOCÊ PRECISA ARRUMAR UM BOM MAPA E CONHECER A REGIÃO ANTES DE COMEÇAR. NA VERDADE, VOCÊ NÃO DEVE SAIR DE CASA SEM UM BOM GUIA (HUMANO). TALVEZ EU MESMA PUDESSE LEVAR VOCÊ, MAS NÃO SOU TÃO LOUCA! VOCÊ VAI PRECISAR DE UM TELEFONE CELULAR PARA EMERGÊNCIAS. E VAI PRECISAR LEVAR ALGUÉM COM VOCÊ (CONHECE ALGUÉM ASSIM TÃO XAROPE?), PORQUE DO CONTRÁRIO NÃO TERÁ NINGUÉM PARA MANDAR BUSCAR AJUDA QUANDO SE DER MAL!

DICA 2...
VOCÊ PODE TER DE DIRIGIR ATÉ 800 QUILÔMETROS POR DIA, DE MODO QUE É BOM VIAJAR NUM CARRO CONFORTÁVEL. (PROVAVELMENTE TERÁ DE DORMIR NELE, TAMBÉM.) AH, SIM: RELÂMPAGOS SÃO OUTRO GRANDE PERIGO, MAS, PELO MENOS, DENTRO DO CARRO VOCÊ ESTARÁ PROTEGIDO. (AINDA QUER IR?)

DICA 3
QUANTO AOS PERIGOS OCULTOS... PARA COMEÇAR, VOCÊ PRECISA SABER O QUE ESTARÁ PROCURANDO. ALGUNS TORNADOS TÊM FORMA DE FUNIL BEM DEFINIDA; SÃO FÁCEIS DE IDENTIFICAR. OUTROS SÃO MASSAS DISFORMES DE SUJEIRA EM ROTAÇÃO (IMAGINE SEU CABELO QUANDO VOCÊ ACABA DE ACORDAR!) E PODEM SE ESCONDER ATRÁS DE NUVENS, MONTANHAS OU ÁRVORES. VOCÊ PRECISARÁ PRESTAR ATENÇÃO O TEMPO TODO.

DICA 4...
PROMETA-ME QUE NÃO VAI CHEGAR PERTO DEMAIS! TORNADOS SÃO TERRIVELMENTE IMPREVISÍVEIS. SE UM DELES VIER NA SUA DIREÇÃO, VOCÊ TEM DE ESTAR PREPARADO PARA SOLTAR A CÂMERA E CAIR FORA... RÁPIDO!

DICA 5
TUDO BEM, SUPONHA QUE VOCÊ AVISTOU UM TORNADO, MAS PARECE QUE ELE NÃO ESTÁ SE MEXENDO... NÃO TIRE OS OLHOS DELE NEM POR UM SEGUNDO. ELE PODE ESTAR INDO NA SUA DIREÇÃO! NÃO COMETA O ERRO DE TENTAR FUGIR DELE, POIS O MALVADO VAI ALCANÇÁ-LO. EM VEZ DISSO, DIRIJA PARA UM DOS LADOS DA ESTRADA... E ESPERE.

BEM, ESSES SÃO OS CONSELHOS QUE POSSO DAR. AGORA DIGA-ME QUE PENSOU MELHOR E NÃO VAI MAIS! MUDOU DE IDEIA? UFA, QUE ÓTIMO! VOCÊ ME DEIXOU PREOCUPADA!

Você pode achar que o tempo não fica pior que isso, que caçar tornados é o que há de mais perigoso. Mas não é bem assim. Você está para conhecer uma tempestade ainda mais sanguinária. Corra para o próximo capítulo – ele vai deixar você de cabelo em pé...

FURACÕES FURIOSOS

Eles são chamados de furacões no Oceano Atlântico, tufões no Pacífico, ciclones no Índico e *willy-willies* na Austrália. Chame-os como quiser, o significado é o mesmo. São supertempestades terríveis, que assolam os mares tropicais. Esqueça os tornados e as tempestades elétricas! É oficial: FURACÕES SÃO AS TEMPESTADES MAIS PERIGOSAS DA TERRA! Eles matam mais e causam mais prejuízos que todos os outros fenômenos meteorológicos juntos.

O que é um furacão?

Um furacão começa sobre o mar, mas ele é meio exigente com relação ao mar que escolhe. Tem de ser quente e úmido. Em algum lugar verdadeiramente tropical, como o Mar do Caribe. A mistura de calor e vapor de água é vital – esse é o alimento de um furacão violento e também é o que produz nuvens e chuva. A propósito, um furacão suga cerca de 2 BILHÕES de toneladas de água por dia, que depois ele devolve como chuva!

FURACÕES FURIOSOS FUSTIGAM:

EUA • OCEANO ATLÂNTICO • ÁSIA • OCEANO PACÍFICO • AMÉRICA DO SUL • ÁFRICA • OCEANO ÍNDICO • AUSTRÁLIA

AS FLECHAS MOSTRAM OS CAMINHOS DOS FURACÕES

Dentro de um furacão

1 O mar quente aquece o ar acima dele. Ar quente e úmido eleva-se rapidamente...

2 ...criando baixa pressão na superfície. Mais ar é puxado e começa a subir em espiral.

3 A rotação da Terra (lembra da força de Coriolis? Veja na página 43) faz o ar ascendente girar em torno do centro, chamado de olho.

4 O ar ascendente se resfria, condensa e cria nuvens de tempestade gigantescas e chuva torrencial.

5 O furacão desloca-se girando. Tchauzinho!

Os ventos dos furacões sopram em sentido anti-horário ao norte do equador e em sentido horário ao sul.

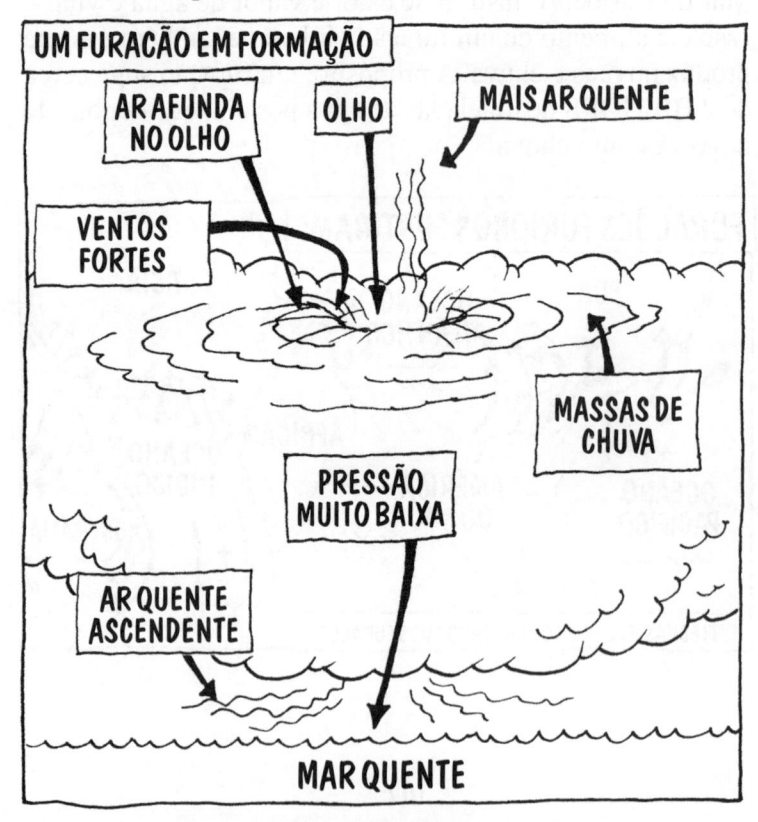

UM FURACÃO EM FORMAÇÃO

- AR AFUNDA NO OLHO
- OLHO
- MAIS AR QUENTE
- VENTOS FORTES
- MASSAS DE CHUVA
- PRESSÃO MUITO BAIXA
- AR QUENTE ASCENDENTE
- MAR QUENTE

Coisas horripilantes sobre furacões

UMA COISA QUE POSSO DIZER COM CERTEZA SOBRE FURACÕES É QUE SÃO ENORMES – HORRIVELMENTE ENORMES. ESTOU FALANDO DE 2 MIL VEZES – ISSO MESMO, 2 MIL VEZES – MAIOR QUE UM TORNADO. ESSE É O TAMANHO DOS MAIORES, É CLARO, MAS ATÉ OS MENORES PODEM SER DO TAMANHO DE UM PAÍS PEQUENO, COMO A ISLÂNDIA. OS GIGANTESCOS PODEM COBRIR TODA A AUSTRÁLIA. ELES SÃO ALTOS TAMBÉM. CHEGAM A TER 10 KM DE ALTURA. IMAGINE TODA ESSA TEMPESTADE SOBRE A SUA CABEÇA!

AGORA VOCÊ VÊ... **E AGORA NÃO!**

AUSTRÁLIA

SÃO NECESSÁRIOS VENTOS MUITO VELOZES PARA FORMAR UM FURACÃO – COM PELO MENOS 119 KM/H. É CLARO QUE PARA OS PADRÕES DOS FURACÕES ISSO NÃO É NADA, ELES PODEM SOPRAR MUITO MAIS FORTE QUE ISSO. AH, SIM, NUM FURACÃO DO TOPO DA ESCALA, OS VENTOS RUGEM A MAIS DE 300 KM/H – VELOCIDADE MAIOR QUE A DE UM TREM EXPRESSO. OS VENTOS MAIS FORTES SÃO ENCONTRADOS NA PAREDE DO OLHO – O ANEL DE NUVENS AO REDOR DO OLHO. QUANTO MENOR O OLHO, MAIS VELOZES SÃO OS VENTOS. SÓ DE PENSAR NISSO EU TENHO CALAFRIOS!

NOS ESTADOS UNIDOS, OS FURACÕES SÃO CLASSIFICADOS DE 1 A 5, DEPENDENDO DA VELOCIDADE DO VENTO, PRESSÃO E DANOS QUE CAUSAM. UM FURACÃO GRAU "1" É UMA COISINHA DE NADA, QUE – AINDA BEM – NÃO PROVOCA MUITA DESTRUIÇÃO. MAS UM FURACÃO GRAU "5" É ALGO MUITO SÉRIO, DESASTRE TOTAL. ESSES ASSASSINOS DESTROEM TUDO EM SEU CAMINHO. MANTENHA DISTÂNCIA!

NA ATMOSFERA SOBRE O ATLÂNTICO, CERCA DE CEM TEMPESTADES POR ANO CHEGAM AO PONTO DE SE TORNAR FURACÕES FURIOSOS. MAS VOCÊ PODE RELAXAR, SÓ SEIS OU SETE EFETIVAMENTE SE TORNAM FURACÕES. UFA! EM TODO O MUNDO, CERCA DE 35 TEMPESTADES TROPICAIS ATINGEM A CONDIÇÃO DE FURACÃO POR ANO. E ELAS TÊM SUAS RAZÕES. É MELHOR VOCÊ FICAR LONGE DOS OCEANOS ATLÂNTICO E PACÍFICO, NO HEMISFÉRIO NORTE, ENTRE JULHO E OUTUBRO. É QUANDO OS MARES ATINGEM DELICIOSOS 27 ℃. AO SUL DO EQUADOR, A TEMPORADA DE FURACÕES DURA DE NOVEMBRO A MARÇO. ENTÃO, SE PENSARMOS BEM, PARECE QUE ABRIL, MAIO E JUNHO SÃO OS MESES MAIS SEGUROS PARA EMBARCAR NUM LUXUOSO CRUZEIRO OCEÂNICO.

POR ALGUMA RAZÃO ESTRANHA, OS CIENTISTAS CHAMAM OS FURACÕES JOVENS DE "MUDAS" (COMO EM "MUDA DE PLANTA"). ESTES COMEÇAM COMO UMA TEMPESTADE PEQUENA E VIAJAM MILHARES DE QUILÔMETROS SOBRE O MAR ANTES DE SE TRANSFORMAR EM TEMPESTADES DE VERDADE. FURACÕES DEMORAM PARA CHEGAR A SEUS DESTINOS, MAS ELES SE MOVEM CONSTANTEMENTE, DIA APÓS DIA, NOITE APÓS NOITE, POR CERCA DE UMA SEMANA, DE MODO QUE VÃO LONGE! E EU FICO LONGE DELES!

Fatos tempestuosos

Furacões podem ter alguma utilidade. Um furacão médio tem mais energia que uma bomba nuclear. Se fosse possível capturar a energia de um furacão por um dia e transformá-la em eletricidade, esta seria suficiente para abastecer os Estados Unidos por seis meses. O que seria absolutamente fantástico — pense em todo o dinheiro que seria economizado! Só existe um pequeno probleminha. Ninguém sabe como capturar essa energia. Bem, você gostaria de tentar? Eu acho melhor não.

O olho

No meio do redemoinho de ventos e nuvens há um buraco de pressão baixíssima com diâmetro entre 6 e 60 quilômetros. É o "olho" da tempestade. Você tem coragem de olhar no olho de um furacão? Alguns geógrafos valentões vivem disso. Usando aviões especiais para caçar furacões, eles voam direto até o olho do furacão. E por que se arriscam tanto? Bem, essa é a única maneira de conseguir medições precisas. Assim os geógrafos podem saber a intensidade do furacão e a direção em que ele está indo. (Furacões também são acompanhados por satélite e radar.) E então eles podem dar o alarme. Além disso, pode ser arriscado, mas se você está atrás de aventura, ela está aqui! Como descobriram os pilotos desta história.

Caçadores de olhos

Na Base da Força Aérea em Biloxi, Mississippi (EUA), o coronel Chuck Coleman tinha acabado de instruir a tripulação. "Uma palavra de alerta, para terminar", ele disse ao pequeno grupo de homens. "A boa notícia é que o Hércules é um avião muito resistente. Não perdemos nenhum nos dois anos em que temos voado. A má notícia é que outros grupos já perderam três desde 1947. Se vocês tiverem de pular no oceano, provavelmente não vão precisar dos coletes salva-vidas, pois as chances de sobrevivência são nulas, eu receio. Homens, até logo e boa sorte!"

Uma hora mais tarde, pouco depois da meia-noite do dia 2 de setembro de 1977, a tripulação embarcou no enorme avião Hércules WC-130, que estava pronto na pista de decolagem. Eles faziam parte do 920º Grupo de Reconhecimento Meteorológico da Força Aérea norte-americana e eram conhecidos como os "Caçadores de Tempestades". Sua missão era voar direto até o centro de um furacão! Rodopiando furiosamente sobre o Golfo do México, o furacão Anita estava em constante crescimento, formando-se como um dos piores furacões em muitos anos. Uma tempestade que podia facilmente se tornar assassina. Era necessário aprender mais sobre ela. O Centro Nacional de Furacões, em Miami, já acompanhava o progresso de Anita. Agora o Hércules devia voar até o olho do furacão para medi-lo e determinar sua trajetória. Quando chegasse ao olho, a tripulação devia lançar um paraquedas com um cilindro metálico contendo instrumentos para medir a pressão do ar, a temperatura e umidade no centro da tempestade. Um transmissor de rádio, dentro do cilindro, enviaria as informações coletadas para o avião. Pelo menos, esse era o plano.

À 1 hora da manhã, o enorme avião percorreu a pista e decolou, sumindo no céu negro. Quase duas horas depois, os clarões ofuscantes dos relâmpagos uniam céu e mar. Eram sinais claros de que eles se aproximavam de seu destino sinistro, o furacão.

"É hora de apertar os cintos, rapazes", o piloto anunciou. "E verifiquem se tudo o mais está bem preso. Estamos quase lá."

Minutos depois, o avião começou a balançar e inclinar, sacudido pelos relâmpagos e pela tormenta. A voz do navegador foi ouvida em meio ao rugido ensurdecedor da tempestade: "Parece que o olho está bem à nossa frente, mas a chuva é tão forte que não consigo ver nada no radar. Vou ver se pego algo no computador. Droga, acabamos de passar. Vamos voltar e tentar de novo".

Por mais de uma hora, o gigantesco avião tentou encontrar seu caminho no meio do furacão. Mas, a cada tentativa, os ventos uivantes e a chuva pesada bloqueavam seu caminho. Era como se a própria tempestade tentasse mantê-los de fora. Já eram quase 4 horas da manhã quando a voz do navegador foi ouvida novamente. "Esperem um pouco", ele disse. "Temos algo à frente. E se parece muito com um buraco!"

"Todo mundo está bem preso aí atrás?", perguntou o piloto. "Este trecho vai ser acidentado!"

"Positivo, tudo está no lugar", foi a resposta.

O piloto tinha razão. De repente, o pesado avião começou a balançar para cima e para baixo, como se estivesse a ponto de quebrar. Momentos de ansioso suspense se passaram enquanto o piloto conduzia o avião com perícia para o centro do furacão. Eles voaram através da parede do olho da tempestade, onde os ventos são mais fortes e violentos. O avião era jogado para todo lado por espantosas correntes de ar; parecia leve como uma pena. A chuva era uma massa sólida de água despencando de nuvens negras. Era aterrorizador.

Durante muitos minutos assustadores, a tripulação segurou a respiração. Então, de repente, o horror cessou. "Conseguimos", anunciou o piloto, aliviado. "Estamos no olho, agora. E ele parece ter cerca de 22 quilômetros de diâmetro." Eles tinham conseguido.

Uma vez dentro do olho, a tripulação começou a calcular a localização da tempestade e a enviar os dados da sonda para o Centro de Furacões, em Miami. Eles só tinham 45 minutos para completar a missão. Então retornaram, saindo do olho, novamente em meio a vento e chuva selvagens. Se a entrada tinha sido terrível, a saída foi pior. Mas, finalmente, às 9 horas da manhã, o avião retornou à base, abalado, mas seguro.

Felizmente, o furacão Anita não se tornou um assassino. Os Caçadores de Tempestades fizeram um bom trabalho. Suas descobertas possibilitaram que os avisos de furacão fossem emitidos com antecedência suficiente, de modo que as pessoas no caminho da tempestade, quando esta atingiu terra firme, estavam abrigadas em locais seguros. E a tripulação jamais esquecerá aquela missão.

Mas por que as coisas mudaram de repente quando eles chegaram ao centro do furacão? Como será que estava o tempo no olho?
a) Borrascoso e violento?
b) Nublado e gelado?
c) Calmo e claro?

> **Resposta: c)** *Surpreendentemente, o tempo no olho de um furacão é maravilhoso, com céu claro e azul e ventos suaves. Completamente diferente do caos tempestuoso à sua volta. É tão claro que, às vezes, é possível ver a superfície do mar, abaixo, e as estrelas acima. Pilotos já relataram ter visto milhares de pássaros em pânico, presos nesse círculo de calmaria. Se você estiver em terra, vai perceber uma pausa na tempestade durante a passagem do olho. Contudo, não se deixe enganar – não é o momento de sair do abrigo! Essa é a calmaria que antecede a outra metade da tempestade.*

Dando nome aos furacões

Assim que um furacão é avistado, ele recebe um nome, para evitar confusões mais tarde. Os nomes são retirados de uma lista, organizada em ordem alfabética. Uma lista nova é feita a cada ano.

O batismo de furacões começou em 1890, com o homem do tempo australiano Clement L. Wragge. Ele era chamado de Wragge "Molhado" por seus inimigos, que eram muitos. Ele estava sempre brigando com as pessoas, principalmente com políticos injustos e teimosos. Clement escrevia a eles cartas e mais cartas com dicas úteis sobre como administrar o país. Mas eles davam atenção a ele? Claro que não. "Prezado Sr. Wragge", vinham as respostas. "Obrigado por suas interessantes cartas. Infelizmente, estamos muito ocupados para lê-las. Sentimos muito." Grrr! Clement ficou furioso. Então decidiu se vingar.

> NÃO TÊM TEMPO PARA LER MINHAS CARTAS? VOU ESCREVER RECLAMANDO!

Mas como ele se faria notar? Qual era a maior maldade que ele conseguiria imaginar? Haveria algo a que nenhum político gostaria de se ver associado? Ele sabia! A resposta era o pior e mais terrível tempo que ele conseguia imaginar – um furacão horrível, claro. Então ele começou a dar aos furacões os nomes de seus políticos preferidos – ou mais detestados. E eles não gostaram nada disso.

O sistema usado no século XX para dar nomes às tempestades começou com um operador de rádio norte-americano que amava música. Foi durante a Segunda Guerra Mundial. Enquanto seu colega transmitia informações sobre uma tempestade para um piloto, ele podia ser ouvido ao fundo... assobiando uma canção! A música se chamava "Cada brisa que sopra parece sussurrar Luísa". A tempestade foi imediatamente batizada de Luísa, e o costume pegou. Depois disso, os furacões passaram a receber nomes de mulheres, geralmente esposas ou namoradas dos meteorologistas. Até que elas reclamaram e nomes masculinos foram acrescentados à lista. Furacões particularmente horríveis têm seus nomes retirados da lista, para que nunca mais sejam usados. Nunca mais haverá outro furacão Andrew, Carol, Flora ou Klaus. Você gostaria de dar o nome de alguém a um furacão? Que tal o nome de seu professor de geografia?

CUIDADO, LÁ VEM O FURACÃO NESTOR!

FALANDO BOBAGEM DE NOVO, JOÃOZINHO?

Mas os nomes podem ser terrivelmente enganadores. Alguns desses furacões têm nomes que sugerem não poder derrubar uma mosca, mas provocam destruição e mortes. Um dos piores furacões a atingir os EUA não tinha nome de monstro. Tinha um nome bem delicado, até. Prepare-se para conhecer o monstruoso furacão Camille.

Pass Christian, Mississippi, EUA, agosto de 1969
Na manhã do dia 17 de agosto de 1969, a maioria das pessoas que morava no litoral do Mississippi fechava suas casas e fugia para o interior – e depressa. A região estava em alerta máximo de furacão – o Camille, classificado pelos especialistas como "tempestade extremamente perigosa", estava a caminho. Conforme o dia passava e à medida que crescia a ameaça do furacão, as estradas que levavam ao interior ficavam com o tráfego congestionado. Estações de rádio e de

televisão transmitiam boletins minuto a minuto, enquanto a polícia e as autoridades obrigavam a população a partir. Mas algumas pessoas ignoraram os avisos para sair da cidade. Elas tinham outros planos para aquela noite.

> **Você está convidado para a**
> **FESTA DO FURACÃO**
> **no**
> **Condomínio Richelieu,**
> **Pass Christian,**
> **Mississippi**
>
> Em 17 de agosto de 1969, das 8 até...
>
> R.S.V.P.   Por favor, traga o seu cata-vento.

Em vez de saírem da cidade, os moradores desse condomínio luxuoso, de frente para a praia, em Pass Christian, decidiram fazer uma festa para "observar o furacão". Eles levaram comida e bebida e convidaram os amigos para se divertir. Esperavam observar a tempestade a distância, pensando que ela passaria a muitos quilômetros ao leste. Mas não. No último minuto, Camille virou para o oeste e desembarcou furiosamente em... Pass Christian. Eram dez e meia da noite. A festa do furacão estava a toda. Bem como o furacão estraga-prazeres.

O que os convivas não sabiam era que o condomínio Richelieu ficava diretamente no caminho dos piores ventos e das ondas gigantescas provocadas pela tempestade. As ondas arrebentaram na praia com resultados devastadores. Depois da tragédia, nada restava do condomínio de apartamentos, a não ser seu alicerce de concreto. Pior ainda, somente uma mulher, dos 24 convidados, sobreviveu. Depois ela contou sua história.

Mary Anne Gerlach se arrumava para ir à festa com o marido Fritz quando a tempestade chegou. Eles já tinham ido a outras festas do gênero e aguardavam ansiosos por aquela. Mas não conseguiram sair. Naquele momento, ondas poderosas batiam contra as janelas de seu apartamento, que ficava no segundo andar!

A Sra. Gerlach descreve o que aconteceu em seguida: "Fomos para o quarto e minutos depois ouvimos o som medonho das janelas quebrando. Apoiamos os ombros contra a porta, para tentar manter a água fora. Mas em cerca de cinco minutos a cama flutuava, a meio caminho do teto. E nós sentíamos o prédio balançar como um barco. Eu tive certeza de que ia morrer".

De alguma maneira, a Sra. Gerlach conseguiu nadar e sair por uma janela, usando uma almofada como boia. Do lado de fora, foi jogada contra fios de telefone, nos quais ficou enroscada. Ela viu, atrás de si, o marido desaparecer sob as ondas. Ele nunca mais reapareceu. Então ela testemunhou, horrorizada, todo o condomínio Richelieu oscilar violentamente, depois se desintegrar e sumir. Bem a tempo, a Sra. Gerlach conseguiu se desvencilhar dos fios. Então foi carregada pelas águas. O vento soprava a 320 km/h, tão forte que ela mal conseguia respirar. "Árvores grandes e entulho passavam sobre mim", ela lembra. "O vento era tão forte que tudo aquilo que eu segurava era arrancado das minhas mãos. Passei por cima de casas, árvores e postes de iluminação – eu flutuava por cima de sobrados. Só havia água à minha volta."

Por fim, ela foi levada até o topo de uma árvore, a quase oito quilômetros da praia, onde permaneceu até a manhã seguinte.

Ao amanhecer, "apagou" por um tempo e foi acordada por pessoas gritando. A primeira coisa que viu foi um crânio humano preso num dos galhos da árvore. Aquilo tinha sido trazido de um cemitério próximo. Era uma visão assustadora.

Finalmente, alguém a viu e a levou até o hospital. "Agora, sempre que há um aviso de furacão", ela disse, "eu fujo com os outros."

Todo mundo na festa morreu afogado ou esmagado pelo entulho do prédio que ruiu. O furacão Camille foi classificado oficialmente como de categoria 5, o segundo a atingir a América no século XX. Um total de 258 pessoas morreram, 68 desapareceram. Os prejuízos foram estimados em cerca de 2 bilhões de dólares. O Camille foi uma das piores tempestades a atingir os Estados Unidos.

Tempo pior ainda
Não importa como se acompanhe o deslocamento de um furacão, nunca se sabe o que ele vai fazer. Furacões furiosos adoram fazer surpresas, mudando de curso quando menos se espera. Foi o que descobriram os moradores de Darwin, na Austrália. No dia de Natal de 1974, o ciclone Tracy esmigalhou a cidade, matando 50 pessoas. Supunha-se que ele passaria, em segurança, a muitas milhas do litoral.

Será que existe algo que os meteorologistas possam fazer para caçar furacões e evitar as mortes que eles provocam? A resposta é sim – pelo menos estão tentando. Com equipamentos modernos como aviões, satélites e supercomputadores, a previsão de tempestades melhora a cada dia. E quanto mais cedo os alertas puderem ser emitidos, mais vidas serão salvas. Mas não é fácil tentar prever os passos de uma tempestade.

METEOROLOGIA SÉRIA

Cientistas que estudam o tempo são chamados meteorologistas. Mas o que faz a Meteorologia e o que ela tem a ver com o tempo? Esse termo vem de uma palavra grega antiga que significa... meteoros! Os gregos antigos pensavam que as tempestades eram causadas por meteoros, que eles acreditavam ser feitos de terra, ar, fogo e água! Mas, na verdade, os gregos pensavam que tudo no universo era constituído de terra, ar, fogo e água. Hoje sabemos que meteoros são pedaços de rocha que se soltam de cometas e chispam através do espaço. E NÃO TÊM NADA A VER COM O TEMPO! Mas o nome ficou mesmo assim!

Meteorologia em curso

Um dos primeiros meteorologistas sérios foi Aristóteles, que era grego e viveu no século IV a.C. Por volta de 340 a.C. Ele escreveu o primeiro livro sobre o tempo, que se chamava *Meteorológica*. Que palavrão! Nessa obra, Aristóteles expôs suas ideias sobre o assunto. E embora estivessem erradas em vários pontos, as pessoas acreditaram nelas durante quase 2 mil anos.

No século XVI, as coisas se tornaram seriamente científicas. Geógrafos horríveis começaram a fazer experiências meteorológicas reais, em vez de ficar simplesmente observando os céus tempestuosos. Eles também inventaram instrumentos novos para medir e registrar as condições meteorológicas. Lembra-se de Torricelli? Foi nessa época que ele inventou o barômetro, e seu professor, Galileu Galilei, inventou o termômetro.

FATOS TEMPESTUOSOS

Até meados do século XIX, as pessoas não sabiam que uma tempestade estava se formando até que ela caísse sobre suas cabeças. Não havia telefone ou fax, e o correio era inútil. Então, em 1844, o norte-americano Samuel Morse inventou um novo e brilhante aparelho para enviar mensagens: o telégrafo elétrico.

BUUM!

PODEREMOS TER UM POUCO DE TEMPO RUIM.

Ao final do século XIX, linhas de telégrafo ligavam muitas cidades grandes. Ligavam até mesmo a Europa à América. E o que tudo isso tem a ver com o tempo? Informações vitais podiam, com o telégrafo, ser enviadas rapidamente a longas distâncias. De que adiantava saber que uma tempestade se formava na Inglaterra se o meteorologista estivesse nos Estados Unidos, sem poder informar a ninguém?

Você poderia ser um(a) meteorologista?

Hoje em dia existem milhares de meteorologistas em todo o mundo tentando prever o tempo ruim. Quanto mais eles aprendem, mais vidas e propriedades podem ser salvas. A boa notícia é que a cada dia eles aprendem mais. A má notícia é que a Meteorologia não é uma ciência exata. O que significa que as coisas podem dar errado. Horrivelmente errado. E podemos culpar nossa esquisita atmosfera por isso. Sua inconstância torna muito difícil a previsão do tempo.

Você tem as qualidades necessárias para ser um(a) meteorologista? Observar tempestades é a profissão certa para

você? Antes de começar a primeira lição, responda a estas três questões simples:
1 Você tem um supercérebro para Matemática? Sim/Não
2 Faz mágica com o computador? Sim/Não
3 Tem boa visão? Sim/Não

Como se saiu?

Se respondeu sim a todas as perguntas, parabéns! Prossiga até o primeiro passo. Boa parte da Meteorologia está em fazer contas enormes e cálculos no computador. Assim, se não gosta de Matemática, talvez para você esta não seja a profissão mais indicada. Visão boa é útil, porque mesmo com pilhas de equipamento ultramoderno, a melhor maneira de se observar o tempo é olhar para o céu!

> COMO ESTÁ O TEMPO?
> UM MINUTO... ELE ESTÁ VERIFICANDO.

Seis passos fáceis para atingir o sucesso em Meteorologia

Aqui está Amanda, nossa especialista, para explicar como se faz:

1.º PASSO: VERIFIQUE AS CONDIÇÕES DO TEMPO

> VOCÊ TEM DE COMEÇAR FAZENDO UM RETRATO DAS CONDIÇÕES DO TEMPO. ISSO SIGNIFICA MEDIR COISAS COMO VENTO, PRESSÃO DO AR E QUANTIDADE DE CHUVA.

PARA TUDO ISSO, VOCÊ VAI PRECISAR DE SUA PRÓPRIA ESTAÇÃO METEOROLÓGICA. PARTE DO EQUIPAMENTO DE QUE VOCÊ VAI PRECISAR É UM POUCO CARO, ENTÃO PODE TENTAR FAZER ALGUNS INSTRUMENTOS BÁSICOS.

UM BARÔMETRO, PARA MEDIR A PRESSÃO DO AR. AS UNIDADES USADAS SÃO HECTOPASCAIS. VEJA O CAPÍTULO "ATMOSFERA ASSOMBROSA" PARA MAIS INFORMAÇÕES SOBRE O AR.

O TERMÔMETRO É USADO PARA MEDIR TEMPERATURAS. AS UNIDADES USADAS SÃO GRAUS CELSIUS (°C) E, EM ALGUNS PAÍSES, FAHRENHEIT (°F). (VEJA A PRÓXIMA PÁGINA PARA MAIS INFORMAÇÕES.)

OS METEOROLOGISTAS GUARDAM SEUS EQUIPAMENTOS NUMA CAIXA DE MADEIRA CHAMADA "CAIXA STEVENSON" PARA PROTEGÊ-LOS DO SOL E DO VENTO.

FATOS TEMPESTUOSOS

As escalas de temperatura receberam seus nomes de dois cientistas, Gabriel Fahrenheit (1686-1736) e Anders Celsius (1701-1744). O jovem Gabriel começou bem na vida. Nasceu na Polônia, em 1686, e sua família tinha montes de dinheiro. Mas as coisas deram horrivelmente errado. Quando ele tinha 15 anos, seus pais morreram ao comer cogumelos venenosos. O pobre órfão Gabriel foi tentar fama e fortuna na Europa. Para sua sorte, ficou amigo de pessoas importantes. Uma delas era um cientista dinamarquês, Olaf Romer. A grande paixão do velho Olaf eram os termômetros, e ele encorajou o jovem Gabriel a fazer um para si. Mas o brilhante Gabriel foi além e criou sua própria escala de temperatura. Ela começa em 32 °F, o ponto de fusão do gelo, e vai até 212 °F, ponto de ebulição da água. Parecem lugares estranhos para se começar e terminar, mas a escala "pegou" e é usada até hoje em alguns países. Mas ela trouxe fama e fortuna para Gabriel Fahrenheit? Nada disso. Ele morreu sem um tostão.
Com Anders Celsius foi outra história. Para começar, ele era um professor importante e ensinava Astronomia em uma conceituada universidade sueca. Celsius criou outra escala, que começava em 0 °C e ia até 100 °C — o que a tornava bem mais fácil de usar.

UM ANEMÔMETRO MEDE A VELOCIDADE DO VENTO. A UNIDADE USADA É KM/H.

VEJA MINHAS INSTRUÇÕES SOBRE COMO FAZER O SEU NA PRÓXIMA PÁGINA...

CONSTRUA SEU PRÓPRIO ANEMÔMETRO

VOCÊ VAI PRECISAR DE:
- QUATRO POTES DE IOGURTE (primeiro coma o iogurte e lave os potes)
- DUAS VARETAS DE MADEIRA BEM LEVE, COM CERCA DE 30 CM CADA
- TRÊS ARRUELAS GRANDES
- UM PREGO (e um adulto habilidoso para pregá-lo para você!)
- COLA
- UMA ESTACA DE MADEIRA

COMO FAZER:

1) COLE UMA VARETA DE MADEIRA NA OUTRA, FORMANDO UMA CRUZ.

2) COLE A BASE DOS POTES ÀS EXTREMIDADES DAS VARETAS, TODOS VIRADOS PARA O MESMO LADO.

3) BATA O PREGO NO ALTO DA ESTACA, ATRAVÉS DAS ARRUELAS E DO CENTRO DA CRUZ DE MADEIRA.

4) COLOQUE A ESTACA EM UM LUGAR COM VENTO. QUANTO MAIS FORTE FOR O VENTO, MAIS RAPIDAMENTE OS POTES VÃO GIRAR.

UMA BIRUTA SERVE PARA MEDIR A DIREÇÃO DO VENTO. AS UNIDADES USADAS SÃO OS QUATRO PONTOS DA BÚSSOLA (N, S, L, O) E OS QUATRO PONTOS INTERMEDIÁRIOS (NE, SE, NW, SW).

PARA FAZER SUA PRÓPRIA BIRUTA, VOCÊ PODE PRENDER UMA MEIA NUM POSTE, MAS NÃO PRECISA SE DAR ESSE TRABALHO — OUTRO JEITO DE SABER A DIREÇÃO DO VENTO É LAMBER O DEDO E ERGUÊ-LO. VIRE-O ATÉ SENTIR O FRIOZINHO DO VENTO NA PARTE MOLHADA.

BIRUTA

BIRUTA DE MEIA

FEDOR!

UM PLUVIÔMETRO SERVE PARA MEDIR A QUANTIDADE DE CHUVA. A UNIDADE USADA É MILÍMETRO. ELE TAMBÉM PODE SER USADO PARA MEDIR NEVE.

A CHUVA ENTRA POR AQUI

MILÍMETROS

UM HIGRÔMETRO É UM APARELHO USADO PARA MEDIR A UMIDADE RELATIVA DO AR (U.R). ELE É COMPOSTO POR 2 TERMÔMETROS.

UM DOS TERMÔMETROS (CHAMADO "BULBO SECO") MEDE A TEMPERATURA DO AR. O OUTRO TEM A EXTREMIDADE ENVOLTA EM UM TECIDO ÚMIDO (BULBO ÚMIDO). A PARTIR DA DIFERENÇA ENTRE AS DUAS TEMPERATURAS PODE-SE DETERMINAR A UMIDADE RELATIVA DO AR.

OKTAS

- ○ CÉU ABERTO
- 1 OKTA DE COBERTURA
- 2 OKTAS DE COBERTURA
- 3 OKTAS DE COBERTURA
- 4 OKTAS DE COBERTURA
- 5 OKTAS DE COBERTURA
- 6 OKTAS DE COBERTURA
- 7 OKTAS DE COBERTURA
- 8 OKTAS DE COBERTURA
- ⊗ CÉU ENCOBERTO; NUBLADO

VOCÊ NÃO PRECISA DE NENHUM EQUIPAMENTO SOFISTICADO PARA CALCULAR A COBERTURA DE NUVENS – É AQUI QUE ENTRA SUA VISÃO DE ÁGUIA. PRIMEIRO, FIQUE NUM LUGAR DE ONDE TENHA UMA BOA VISÃO DO CÉU. DIVIDA O CÉU AO MEIO, DEPOIS AO MEIO NOVAMENTE. (OK, VOCÊ VAI PRECISAR DE UM POUCO DE IMAGINAÇÃO.) QUANTO DELE ESTÁ COBERTO POR NUVENS? UMA SEÇÃO, DUAS? UMA E MEIA? MULTIPLIQUE ISSO POR DOIS E OBTERÁ A RESPOSTA EM OITAVOS, OU OKTAS, COMO SÃO TECNICAMENTE CONHECIDOS. BOM TERMO PARA IMPRESSIONAR SEU PROFESSOR, HEIN? OKTAS SÃO UNIDADES USADAS PARA MEDIR A QUANTIDADE DE NUVENS.

COMO PREVER UMA TEMPESTADE

O que fazer:
Verifique seus instrumentos e anote os resultados em seu caderno. Todos os dias, duas vezes por dia - de manhã e à tarde, inclusive nos fins de semana (então chega de ficar na cama), 365 dias por ano. Afinal, isso é o que eu tenho de fazer. TODOS OS DIAS!
Mas, pelo menos, você não estará sozinho. Existem cerca de 7 mil estações meteorológicas reunindo dados no mundo. Algumas são operadas por meteorologistas profissionais, como eu. Outras, por entusiastas, como você. Existem, ainda, aviões, navios e satélites meteorológicos de alta tecnologia.

O que fazer com seus resultados:
Então, como saber, a partir das suas anotações, que uma tempestade está se formando? Veja como.
Está acontecendo alguma destas coisas?
- Pressão caindo?
- Chuva ficando mais pesada?
- Nuvens se juntando?
- Umidade subindo?
- Ventos ficando mais fortes?

Seus resultados mostram todas essas variáveis acontecendo ao mesmo tempo? Parabéns, você previu uma tempestade. Rápido, entre em casa, ajeite-se na poltrona e observe-a de um local seguro.

2.º PASSO: TIRE UMA FOTO DE SATÉLITE

TUDO BEM, É AQUI QUE O EQUIPAMENTO COMEÇA A FICAR **MUITO** CARO. É IMPROVÁVEL QUE VOCÊ POSSA COMPRAR UM SATÉLITE METEOROLÓGICO – BEM, EU COM CERTEZA NÃO POSSO. SATÉLITES METEOROLÓGICOS PRECISAM SER POSICIONADOS A MILHARES DE QUILÔMETROS DE ALTITUDE PARA FICAR DE OLHO EM NOSSO PLANETA TEMPESTUOSO. (SÓ COLOCÁ-LOS LÁ EM CIMA JÁ CUSTA UMA FORTUNA.) ELES SÃO DO MESMO TIPO DE SATÉLITE USADO NAS TRANSMISSÕES DE TV, MAS TÊM A BORDO CÂMERAS QUE TIRAM FOTOS DE NUVENS E TEMPESTADES, QUE DEPOIS SÃO TRANSMITIDAS PARA A TERRA. ESSAS FOTOS MOSTRAM TODO TIPO DE COISAS, COMO FURACÕES SE FORMANDO!

3.º PASSO: FAÇA UMA LEITURA DE RADAR

DEPOIS QUE O SATÉLITE LOCALIZOU A TEMPESTADE, UM RADAR PODE ACOMPANHÁ-LA. A CHUVA FORTE DE UMA TEMPESTADE A ATÉ 320 KM DE DISTÂNCIA APARECE EM BRANCO NA TELA. RADARES SIMPLES MOSTRAM APENAS QUE A CHUVA ESTÁ LÁ. E OS NOVOS RADARES COM *DOPPLER* MOSTRAM A DIREÇÃO EM QUE ELA ESTÁ INDO. MUITO ÚTIL!

É POR ISSO QUE O SERVIÇO NACIONAL DE METEOROLOGIA DOS ESTADOS UNIDOS TEM UMA SÉRIE DE RADARES AO LONGO DO LITORAL PARA MONITORAR FURACÕES E TORNADOS. PARECE INTERESSANTE? NÃO PERCA A OFERTA DESTA SEMANA — SE VOCÊ ACHA QUE CABE NO SEU BOLSO!

ESTÁ DIFÍCIL ACHAR AQUELE TORNADO PERDIDO?

VOCÊ PRECISA DO **RADAR DOPPLER**
A ÚLTIMA PALAVRA EM RADAR

SABE QUE ELE ESTÁ LÁ, MAS NÃO PARA ONDE ELE ESTÁ INDO?

DOPPLER ALTA TECNOLOGIA ALTA SENSIBILIDADE

NÃO SAIA DE CASA SEM ELE

ALTA PRIORIDADE EM SUA LISTA DE COMPRAS

DOPPLER QUE TAL OLHAR NO OLHO DE UM FURACÃO?

TEMOS DOPPLERS PORTÁTEIS

ÚTIL EM SEU CAMINHÃO OU AVIÃO PARTICULAR

CONFIANÇA DESDE 1845, QUANDO CHRISTIAN DOPPLER O INVENTOU

4.º PASSO: LIGUE SEU COMPUTADOR

DEPOIS QUE VOCÊ TIVER REUNIDO AS INFORMAÇÕES, O QUE FAZER COM ELAS? É AQUI QUE ENTRA O GÊNIO DO COMPUTADOR. TUDO TEM DE SER TRANSFORMADO EM NÚMEROS E LANÇADO NO SEU SUPERCOMPUTADOR, O QUE SIGNIFICA MAIS DESPESAS. VAMOS CONTINUAR A FALAR SOBRE COMPUTADORES A SEGUIR...

...COMO EU DIZIA, ATÉ MESMO A ORGANIZAÇÃO METEOROLÓGICA MUNDIAL TEM APENAS DOIS SUPERCOMPUTADORES EM SEUS PRINCIPAIS CENTROS DE PREVISÃO – EM WASHINGTON D.C., ESTADOS UNIDOS, E BRACKNELL, GRÃ-BRETANHA. O COMPUTADOR DE BRACKNELL PROCESSA MAIS DE 360 MILHÕES DE INFORMAÇÕES POR DIA. UAU! QUE BOM QUE ELE CONSEGUE FAZER 80 BILHÕES DE CÁLCULOS POR SEGUNDO! QUANTOS VOCÊ CONSEGUE FAZER?

FATOS TEMPESTUOSOS

A primeira pessoa a trazer Matemática para a Meteorologia foi o cientista britânico Lewis Fry Richardson (1881-1953). Saiba que ele não tinha um supercomputador para ajudá-lo. À mão, ele demorava três meses inteiros para calcular o tempo com 24 horas de antecedência! Hmm... parece que havia algo de errado no sistema dele. Em vez de um supercomputador, ele tinha de se virar com diversos blocos de papel e algumas canetas! Para fazer os cálculos com a rapidez necessária, Lewis precisaria de 64 mil assistentes trabalhando direto! Imagine o alívio que foi a invenção dos computadores eletrônicos em 1945.

5.º PASSO: DESENHE UM MAPA METEOROLÓGICO

NÃO SE APAVORE! VOCÊ NÃO PRECISA SER BOM EM DESENHO. DEIXE O COMPUTADOR SE PREOCUPAR COM ISSO. ELE USARÁ OS DADOS QUE VOCÊ FORNECER PARA IMPRIMIR UM MAPA METEOROLÓGICO. E VAI ATUALIZÁ-LO A CADA HORA. O COMPUTADOR PODE DESENHAR MAPAS REALMENTE DETALHADOS, COBRINDO TODO O PLANETA E DIVIDINDO A SUPERFÍCIE EM QUADRADOS, COMO UMA GRADE. OS MAPAS QUE VOCÊ VÊ NA TELEVISÃO E EM JORNAIS SÃO VERSÕES MUITO SIMPLIFICADAS DE MAPAS METEOROLÓGICOS.

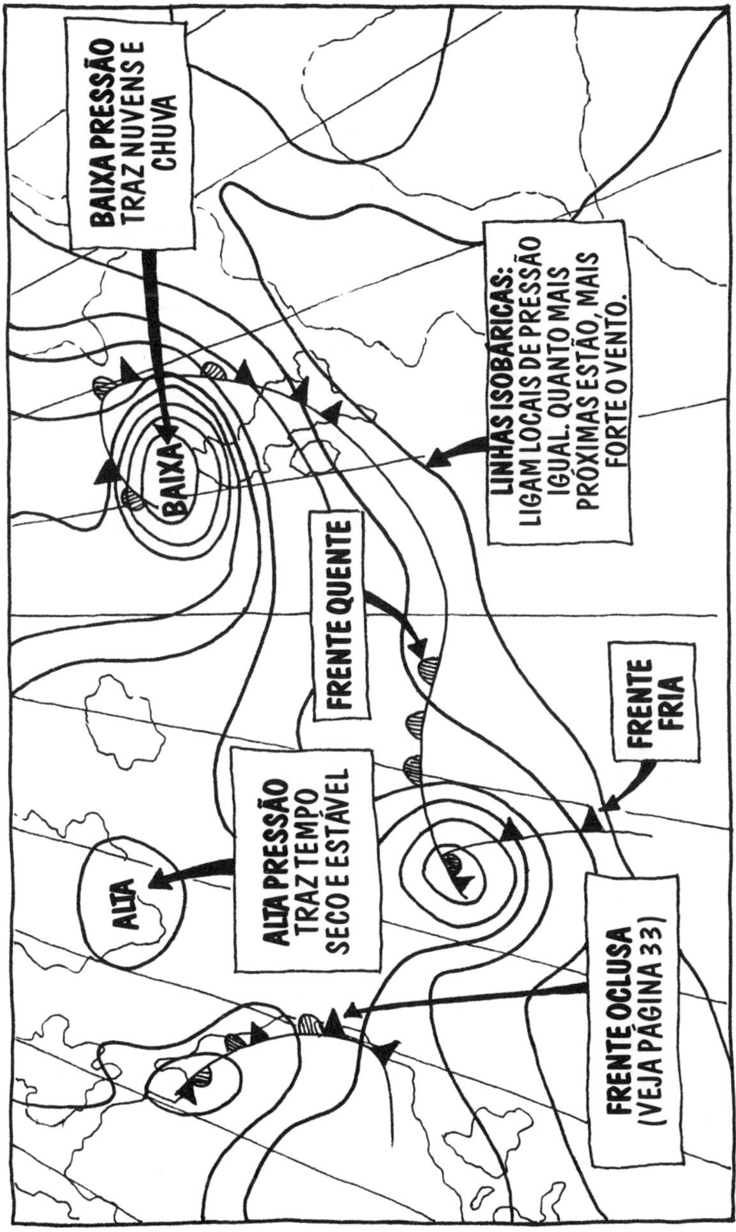
BAIXA PRESSÃO TRAZ NUVENS E CHUVA
BAIXA
LINHAS ISOBÁRICAS: LIGAM LOCAIS DE PRESSÃO IGUAL. QUANTO MAIS PRÓXIMAS ESTÃO, MAIS FORTE O VENTO.
FRENTE QUENTE
FRENTE FRIA
ALTA PRESSÃO TRAZ TEMPO SECO E ESTÁVEL
ALTA
FRENTE OCLUSA (VEJA PÁGINA 33)

> **VOCÊ TEM CORAGEM DE FAZER UMA PREVISÃO?**
>
> METEOROLOGISTAS USAM MAPAS METEOROLÓGICOS PARA ESTUDAR O TEMPO E CALCULAR O QUE ELE VAI APRONTAR. SEU COMPUTADOR EMITIRÁ UMA PREVISÃO, O QUE AJUDA, MAS AÍ É COM VOCÊ. É NECESSÁRIO VERIFICAR SE O COMPUTADOR ESTÁ CERTO! ISSO PODE SER COMPLICADO. E O ÚNICO JEITO DE SABER SE A SUA PREVISÃO ESTÁ CERTA É AGUARDANDO ALGUNS DIAS PARA VER. ENTÃO VAI SER MUITO TARDE PARA MODIFICÁ-LA, MAS PELO MENOS VOCÊ VAI VER SE ESTÁ FAZENDO TUDO CERTO. A MAIORIA DOS METEOROLOGISTAS APRIMORA-SE CONTINUAMENTE NA ATIVIDADE. PREVISÕES DE CURTO PRAZO (ATÉ TRÊS DIAS), ATUALMENTE, SÃO 86% PRECISAS. O QUE SIGNIFICA ACERTAR 6X EM CADA 7 PREVISÕES. NADA MAU, HEIN? PREVISÕES DE LONGO PRAZO SÃO MUITO MENOS CONFIÁVEIS. SE A SUA PREVISÃO NÃO DEU CERTO, NÃO SE PREOCUPE, POIS ATÉ OS PERITOS ERRAM ÀS VEZES. E ERRAM FEIO!

Sul da Inglaterra, 16 de outubro de 1987

Na noite de 15 de outubro de 1987, a Grã-Bretanha foi devastada pela pior tempestade em quase 300 anos. Algo incomum para um país em que o tempo normalmente é moderado – invernos moderados, verões moderados, ventos moderados... deu para entender? Mas durante quatro horas horripilantes, chicoteado por ventos de mais de 160 km/h, o sul do país sentiu a fúria da tempestade. Inacreditavelmente, apenas 19 pessoas morreram. O número relativamente baixo de vítimas se deve à tempestade ter chegado à noite, quando a maioria das pessoas dormia e havia pouco tráfego nas ruas. Se tivesse acontecido algumas horas mais cedo, quando ainda havia muita gente se deslocando pelas ruas e estradas, a contagem de mortos teria sido muito maior.

Mas, quando as pessoas acordaram, na manhã de 16 de outubro, não conseguiam acreditar no que viam. A tempestade causara estragos espantosos – o prejuízo chegou a quase 3 bilhões de dólares. Cerca de 19 milhões de árvores tinham sido arrancadas e muitas foram jogadas sobre carros ou casas. Uma em cada seis casas do sul sofreu estragos. Algumas perderam as janelas; outras, o telhado. Sete milhões de pessoas ficaram sem eletricidade e 150 mil linhas telefônicas emudeceram. Centenas de lojas e escolas permaneceram fechadas. E, como as estradas e ferrovias que levavam a Londres estavam bloqueadas, a cidade ficou quase paralisada. Infelizmente, quase até o último minuto os meteorologistas não tinham ideia do que ia acontecer. Quando uma mulher preocupada ligou para o Departamento de Meteorologia para saber qual seria a força da tempestade, os meteorologistas ainda estavam na TV afirmando que não haveria furacão, que esse tipo de coisa não acontecia na Grã-Bretanha.

NÃO HAVERÁ FURACÃO NA GRÃ-BRETANHA...

Como foi que eles erraram tão grosseiramente?

Cinco fatos sobre a Grande Tempestade

1 As pessoas costumam chamar a tempestade de 1987 de furacão. Estão erradas. É verdade que os ventos sopraram com a força de um furacão – mais de 119 km/h –, mas um furacão é uma tempestade tropical, e a Grã-Bretanha é muito fria para isso. Oficialmente, foi classificada como tempestade severa, o que já deixa os cabelos em pé.

2 Um furacão, contudo, também participou do desastre. A tempestade começou na Baía de Biscaia, no litoral atlântico de França e Espanha. Até aí, tudo normal. As coisas estranhas começaram a acontecer quando a tempestade recebeu um impulso inesperado. Ar muito quente, relacionado ao furacão Floyd (que açoitava o litoral da Flórida, EUA), cruzou o Atlântico...

3 ...e se uniu à tempestade britânica. Isso criou o que os meteorologistas norte-americanos chamam de bomba. Mas o que ela faria em seguida? Bombas são terrivelmente difíceis de se prever. Algumas somem discretamente. Outras explodem para valer. Que foi exatamente o que esta fez. A tempestade vitaminada se dirigiu para a Inglaterra.

LÁ VEM BOMBA!

4 Os meteorologistas tinham visto uma tempestade se formando sobre o Atlântico muitos dias antes. Os navios na Baía de Biscaia foram avisados para sair de sua rota. Acontece que a maioria das observações meteorológicas do Departamento de Meteorologia é feita por navios. Como não havia nenhum na região, eles não puderam dar o alerta sobre a tempestade em curso.

5 Pouco mais de dois anos depois, em 25 de janeiro de 1990, outra supertempestade atingiu a Grã-Bretanha. Dessa vez, 46 vidas foram perdidas. Os meteorologistas estavam melhor preparados, mas ainda assim não conseguiram prever com precisão a rota da tempestade. Mas as coisas já estão melhorando. As tempestades que atingiram o sul da Inglaterra em 1998 foram previstas com precisão.

À moda antiga

O que fazer se você tiver problemas com seu equipamento ultramoderno? E se o seu computador ficar doidão? Você pode tentar se virar com o folclore meteorológico.

CONCURSO "MELHOR BICHO METEOROLÓGICO"

ESTÁ PENSANDO EM COMPRAR UM NOVO BICHO DE ESTIMAÇÃO? ESQUEÇA OS GATOS E CACHORROS! VOCÊ PRECISA DE UM BICHO REALMENTE ÚTIL, PELO MENOS PARA A PREVISÃO DO TEMPO. UM BICHO QUE POSSA DIZER QUANDO É UMA BOA IDEIA SAIR PARA PASSEAR

2. VACAS SÃO MUITO SENSÍVEIS A TEMPO ÚMIDO E TEMPESTADES. ELAS SE DEITAM OU SE ACONCHEGAM EM UM CANTO. TALVEZ NÃO GOSTEM DA GRAMA ÚMIDA, ENTÃO PROCURAM UM LUGAR SECO E SEGURO PARA SE ABRIGAR ANTES DE A CHUVA COMEÇAR. PARABÉNS!

1. ANDORINHAS E ANDORINHÕES! QUANDO ESSES PÁSSAROS METEOROLÓGICOS VOAM ALTO NO CÉU, PROTEJA-SE. UMA TEMPESTADE ESTÁ A CAMINHO. ISSO ACONTECE PORQUE OS INSETOS QUE ELES COMEM SÃO LEVADOS PARA CIMA POR CORRENTES ASCENDENTES DE AR, QUE GERALMENTE SURGEM ANTES DE

3. TEMPESTADES. QUANDO OS ESQUILOS COMEÇAM A ESTOCAR NOZES, O INVERNO ESTÁ CHEGANDO. IGNORE OS CIENTISTAS! ELES VÃO DIZER QUE OS ESQUILOS FAZEM ISSO NO OUTONO E QUE O INVERNO AINDA PODE DEMORAR SEMANAS. ESTRAGA PRAZERES!

Quanto mais precisas as previsões do tempo, melhor para todo mundo. Mesmo que você esteja apenas escolhendo um dia para passear com seus amigos. As previsões nunca serão infalíveis, mas com todo o equipamento que os meteorologistas têm hoje para brincar, elas melhoram a cada dia. Para quem vive na rota de tempestades, isso pode fazer uma diferença enorme – a diferença entre a vida e a morte.

PREVENDO TEMPESTADES

Enquanto você lê este livro, confortavelmente instalado numa poltrona, meteorologistas em todo o mundo trabalham duro tentando desvendar os mistérios do tempo tempestuoso. Mas não importa o quanto eles sejam bons em suas previsões, nem sempre sabem dizer onde a tempestade vai atacar. Ou quando. A verdade horrível é que tempestades às vezes aparecem sem aviso. E não são apenas vidas que se perdem. Tempestades podem destruir casas e empresas, devastar plantações inteiras e acabar com o meio de vida das pessoas – para não falar das begônias premiadas que seu pai cultiva. Então, qual o verdadeiro potencial de horror das tempestades?

Tempestades assassinas

Viver em uma ilha no meio do ensolarado Mar do Caribe parece perfeito, não é? Mas nada é realmente o que parece. As pessoas que vivem nas ilhas caribenhas sabem como o tempo ruim pode ser perigoso. Em 1988, o medonho furacão Gilbert precisou de apenas dez dias para virar do avesso a vida dessas pessoas.

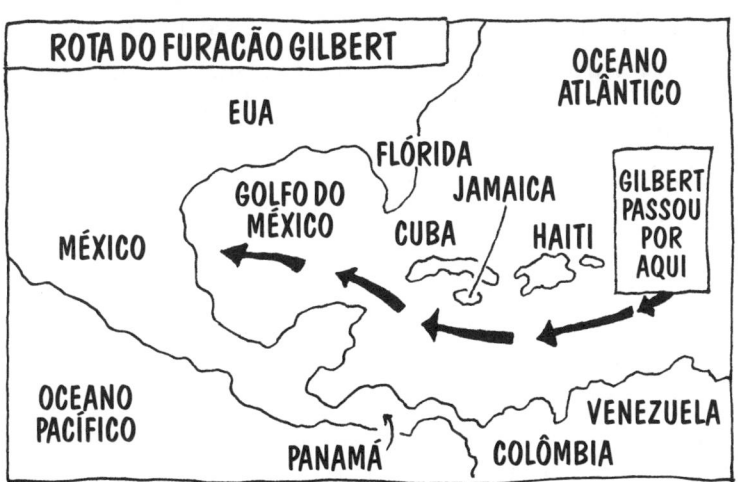

ROTA DO FURACÃO GILBERT

EUA
OCEANO ATLÂNTICO
FLÓRIDA
GOLFO DO MÉXICO
JAMAICA
GILBERT PASSOU POR AQUI
MÉXICO
CUBA
HAITI
OCEANO PACÍFICO
PANAMÁ
COLÔMBIA
VENEZUELA

O furacão Gilbert estabeleceu o recorde de:
1 Ventos mais fortes já registrados em um furacão, soprando a contínuos 275 km/h, com picos chegando a 320 km/h.
2 A pressão mais baixa jamais registrada no olho de um furacão no hemisfério norte – profundos 888 hectopascais.

Uma das tempestades mais violentas da história, o Gilbert foi um furacão Categoria 5. Apenas dois outros furacões dessa categoria atingiram os Estados Unidos desde que se começou a registrar esses eventos meteorológicos. O Gilbert também teve um dos menores "olhos", com apenas 13 quilômetros de diâmetro (normalmente os olhos têm entre 32 e 40 quilômetros). Isso concentrou a energia da tempestade, tornando-a ainda mais mortal.

Como as pessoas enfrentaram o Gilbert?

1 A Jamaica foi o país que mais sofreu com o furacão. Casas, escolas e hospitais foram duramente atingidos. O vento arrancou o telhado da principal central telefônica, fazendo a chuva encharcar todo o equipamento – assim não é de surpreender que eles tenham perdido o contato telefônico com todos os outros países. Durante dias, após a tempestade, os jamaicanos ficaram sem eletricidade, rádio, televisão e meios de informar o que estava acontecendo.

2 O primeiro-ministro da Jamaica disse que o furacão foi "o maior desastre da história moderna da Jamaica". E tinha razão! A principal fonte de renda dos jamaicanos era a produção de banana e frango. Mas, com os bananais devastados e os frangos mortos, as duas indústrias ficaram arruinadas. A Jamaica perdeu a produção de um ano inteiro!

3 Os norte-americanos que moravam no litoral do Golfo do México tiveram apenas dois dias de antecedência para se preparar para o pior. A melhor coisa a fazer era fugir rapidamente, mas quem ficou para trás estocou comida e protegeu portas e janelas com chapas de madeira. Alguns pintaram mensagens nas chapas:

> VÁ EMBORA, GILBERT
> VÁ SOPRAR EM
> OUTRO LUGAR
>
> FURACÃO,
> FUJA
> DAQUI!
> XÔ, XÔ,
> CHUVA!

Mas o Gilbert não sabia ler!

4 Milhares de petroleiros tiveram de abandonar suas plataformas no Golfo do México, pois estavam no caminho da tempestade. Apenas uma semana antes, outro furacão, chamado Florence, já os tinha feito fugir. Dois furacões em duas semanas – dá para ser pior?

5 Na cidade de Corpus Christi, Texas, o infeliz Sr. Gilbert Gonzales foi infernizado por telefonemas de seus (supostos) amigos. Por alguma estranha razão, eles o culpavam pela violência do furacão Gilbert. Enquanto isso, emissoras de rádio locais tocavam música apropriada para tempestades, como "Blowin' in the Wind" (soprada pelo vento), "Riders on the Storm" (cavaleiros da tempestade) e, claro, "Stormy Weather" (tempo ruim), para tentar animar as pessoas!

FATOS TEMPESTUOSOS

Inacreditavelmente, enquanto a maioria das pessoas tentava fugir de todas as maneiras, cientistas monitoravam centenas de aviões que voavam direto para o olho do furacão. De fato, havia tantos aviões que um risco sério de colisões surgiu e ações de emergência tiveram de ser tomadas para coordenar as rotas dos aparelhos.

Para sobreviver a uma tempestade

O que fazer se um furacão estiver a caminho? Bem, a coisa mais importante é dar o alerta, e rápido. Mas os meteorologistas têm de fazer isso na hora certa. Se avisarem as pessoas muito cedo, quando ainda não têm certeza sobre a trajetória do furacão, podem provocar pânico sem motivo. Se o alerta for dado muito tarde, não haverá tempo para evacuar todo mundo. Complicado. Nos Estados Unidos, o alerta é dado em dois estágios. Primeiro, os cientistas avisam sobre a aproximação do furacão alguns dias antes da provável passagem dele. Então, o alerta de furacão é novamente emitido 24 horas antes de ele chegar, quando os peritos têm uma ideia mais precisa sobre os locais que a tempestade vai atingir.

AVISO DE TEMPO RUIM

O PROBLEMA É QUE FURACÕES SÃO HORRIVELMENTE IMPREVISÍVEIS — ATÉ O ÚLTIMO MOMENTO. MESMO O AVISO COM 24 HORAS DE ANTECEDÊNCIA PODE ERRAR A TRAJETÓRIA DO FURACÃO EM ATÉ 150 KM. E A ESPERA PODE SER ATERRORIZANTE.

FATOS TEMPESTUOSOS

Um local que aprendeu a se proteger de tempestades do jeito mais difícil foi a estância turística de Galveston, Texas. A cidade foi construída em uma península de areia. Um erro ENORME. Quando um furacão assassino a atingiu, em 1900, provocou uma destruição monstruosa. Ao anoitecer, a cidade jazia sob quatro metros de água; 6 mil pessoas morreram e 2.700 casas tinham sido levadas pelas águas. Galveston foi reconstruída, com uma arma secreta — uma barreira para manter o mar afastado. E funcionou! Quando veio outra tempestade, 15 anos depois, morreram menos de 15 pessoas.

MANUAL DE SEGURANÇA EM TEMPESTADES

Se um furacão ou tornado estiver se aproximando do local onde você está, saiba o que fazer. Preste atenção, porque isto pode, um dia, salvar sua vida.

① Você vai precisar prestar atenção no rádio – ele vai transmitir alertas urgentes e dirá o que você deve fazer. A TV também vai veicular boletins, mas você talvez não consiga assisti-la, porque a tempestade provavelmente vai derrubar as linhas elétricas.

② Saia do caminho! Saia da cidade, se puder. Mas, aconteça o que acontecer, afaste-se do litoral, vá para o interior. Isso não é um feriado, e, além disso, o furacão virá do mar!

③ Se ficar preso na cidade, tente chegar a um abrigo de emergência. Normalmente, você os encontra em locais públicos, como escolas e igrejas. Mas, se não souber para onde ir, tente pensar em algum lugar subterrâneo. Lembra-se do corredor dos tornados? Lá, a maioria das casas têm abrigos contra tornados no porão. Se a sua casa não tiver, você pode construir um! (Veja a seguir.)

NA SUA ESCOLA VOCÊS FAZEM TREINAMENTO PARA O CASO DE INCÊNDIO? POR QUE NÃO FAZER PARA O CASO DE FURACÕES TAMBÉM? POR SEGURANÇA, LOCAIS SUJEITOS A TEMPESTADES PRATICAM TREINAMENTOS PARA AS PESSOAS ESTAREM PRONTAS PARA AS EMERGÊNCIAS. BOA IDEIA!

Construa seu próprio abrigo contra tempestades
Você vai precisar de:
- Duas pranchas de madeira maciça
- Muito concreto (ou um daqueles cilindros grandes de concreto)
- Uma pá

O que você vai fazer:
a) Cave um buraco grande embaixo da sua casa, com cerca de 1,5 metro de largura, 2,5 metros de comprimento e 2 metros de profundidade. Esse tamanho abriga até oito pessoas. (É melhor consultar seus pais antes de começar.)
b) Revista o buraco com concreto ou enterre o cilindro dentro dele. (Se o tempo está acabando, esqueça o concreto. Entre no buraco... rápido!)
c) Faça portas com a madeira.
d) Guarde alimentos e água no abrigo.
e) Entre lá e aguente firme!

4 Você não tem um abrigo contra tempestades? Tudo bem, não precisa entrar em pânico. Se houver tempo, você pode proteger suas janelas e portas com chapas de madeira e afastar a mobília das janelas. Agora vá para o banheiro – uma boa escolha, porque o encanamento reforça as paredes. Melhor ainda, entre na banheira. Ou esconda-se embaixo da escada ou de um colchão. Faça o que fizer, fique longe de janelas e espelhos – vidro voador pode ser fatal. E, por favor, por favor, POR FAVOR – NÃO vá lá fora dar uma olhadinha.

5 Onde quer que você tenha se escondido, fique firme até a tempestade realmente acabar – principalmente se for um furacão. E não se deixe enganar. Se o tempo ficar repentinamente bom e calmo, permaneça onde está. Lembre-se de que pode ser apenas o olho do furacão passando, com o resto da tempestade logo atrás!

6 Mantenha seu kit de sobrevivência pronto e à mão. Você vai precisar de água potável (para garantir, pegue o suficiente para alguns dias), comida enlatada (não se esqueça do abridor de latas), sacos de dormir, estojo de primeiros socorros, uma lanterna (com pilhas em bom estado). Tenha também um rádio que funcione com pilhas.

QUE VENHA A TEMPESTADE, ESTOU PRONTO!

A TEMPESTADE PASSOU ENQUANTO VOCÊ SE APRONTAVA!

7 Mas o que fazer se for pego ao ar livre? Mantenha a calma. Procure uma vala e deite-se dentro dela, ou proteja-se embaixo de uma ponte firme. Mantenha a cabeça coberta, para se proteger de fragmentos voadores.

FATOS TEMPESTUOSOS

Você tem boa audição? Colocar a orelha encostada no chão é o mais novo meio de saber se um tornado está se aproximando. Sério! Conforme o tornado dá seus pulos, ele envia ondas de choque pelo solo. Se escutar com atenção, poderá ouvi-las. Mas a boa notícia é que em breve você não vai mais precisar sujar suas orelhas. Cientistas dos Estados Unidos estão desenvolvendo uma "orelha eletrônica", que fará o trabalho sujo por você. A ideia é colocar esses equipamentos nas residências, como uma espécie de alarme.

Chuva de prata

No passado, as pessoas tentavam de tudo para espantar as tempestades, desde badalar sinos até atirar nelas com canhões. Mas será possível domar um tornado? Podemos deter a força de um furacão? É o que alguns cientistas norte-americanos tentaram descobrir.

Na década de 1940, estudiosos descobriram uma nova forma de fazer chover. Eles produziram um pó, a partir de uma substância chamada iodeto de prata, e o pulverizaram, com aviões, sobre nuvens de tempestade. Esse pó fez com que os cristais de gelo, dentro das nuvens, crescessem. Então eles derreteram e caíram como chuva. Até aí, tudo bem. Depois tentaram fazer o mesmo com um furacão. Eles pensavam que jogar iodeto de prata na parede do olho produziria muita chuva. Esta consumiria muita energia do furacão, tornando a parede do olho maior e os ventos mais fracos. Pelo menos, esse era o plano. Mas ele fracassou horrivelmente na primeira tentativa. O que você acha que aconteceu?

a) O furacão ficou mais forte.
b) O furacão mudou repentinamente de curso.
c) O furacão perdeu força e sumiu.

Resposta: b) *O furacão mudou repentinamente de curso e atingiu uma cidade que não estava em seu caminho original. Uma segunda tentativa, em 1960, funcionou melhor. O Projeto Stormfury (fúria tempestuosa) foi criado para enfraquecer furacões nos Estados Unidos e no Caribe. E pareceu funcionar. Ele enfraqueceu os ventos do furacão Debbie em quase um terço. Enquanto isso, aconteceu uma seca terrível no norte do México em uma época de chuvas. As autoridades culparam o Projeto Stormfury. Elas afirmaram que o projeto interferia demais nos padrões normais de chuva. Tivessem razão ou não, o Stormfury foi engavetado.*

Edifícios à prova de tempestades

Já que não se pode deter a tempestade, é melhor caprichar na proteção. As pessoas podem ficar mais tranquilas construindo uma casa à prova de tempestades. Em algumas regiões dos Estados Unidos existem regras sobre a construção de edifícios, para que resistam ao tempo ruim. Mas como os construtores escolhem os melhores materiais para usar? Testando-os em meio à fúria de um tornado, claro. Mas veja como um grupo de engenheiros, no Texas, atacou o problema na segurança de seu laboratório.

PRIMEIRO ELES DISPARARAM UMA VARA DE MADEIRA À VELOCIDADE DE 160 KM/H CONTRA UMA PAREDE DE MADEIRA...

BANG!

DEPOIS DISPARARAM A VARA CONTRA UMA PAREDE DE TIJOLOS E BLOCOS DE CIMENTO...

BANG!

POR ÚLTIMO, ELES DISPARARAM A VARA CONTRA UMA PAREDE FEITA DE CONCRETO REFORÇADO.

BANG!

Qual material funcionou melhor?

> **Resposta: 3** A vara atravessou as paredes de madeira e de blocos de cimento. Tornados de verdade podem distorcer varas de aço contra paredes de tijolos sólidos. Mas a vara, no laboratório, não afetou o concreto reforçado. Assim, os cientistas recomendam que todas as casas no Corredor dos Tornados tenham uma sala interna feita de concreto reforçado, onde as pessoas devem se abrigar durante um tornado.

Tempestades tenebrosas podem ser assassinas, destruir lares e arruinar plantações e o meio de vida das pessoas. Assustador. Tempestades podem até mesmo mudar o curso da História.

FATOS TEMPESTUOSOS

Em 1588, uma tempestade de cinco dias afundou a Armada Espanhola. Uma frota de 130 navios de guerra tinha sido enviada pelo Rei Filipe II, da Espanha, para atacar e invadir a Inglaterra. Apenas sessenta navios se arrastaram de volta para a Espanha, tendo fracassado totalmente em sua missão. O restante da frota foi arremessado contra as pedras por ventos assustadoramente violentos.

TEMPESTADES LEGAIS

Deixando de lado as surpresas desagradáveis, como mortes, destruição, caos e catástrofes, será que as tempestades têm seu lado bom? Bem, sim, o tempo ruim *pode* ser bom para nós. E aqui está uma enorme lista de três razões para provar:

Guia da boa tempestade
É oficial que...
Tempestades aquecem o planeta. Os raios solares não aquecem a Terra por igual. Eles atingem o equador diretamente, deixando-o quente como um forno. Os polos são frios porque os raios os atingem obliquamente. O bom e velho tempo ruim ajuda a espalhar o calor, não deixando que os locais tropicais fiquem quentes demais nem que os polos se tornem excessivamente frios. Como isso acontece? A resposta está no sopro do vento. Os ventos carregam o calor do equador para os polos e também levam ar polar para os trópicos.

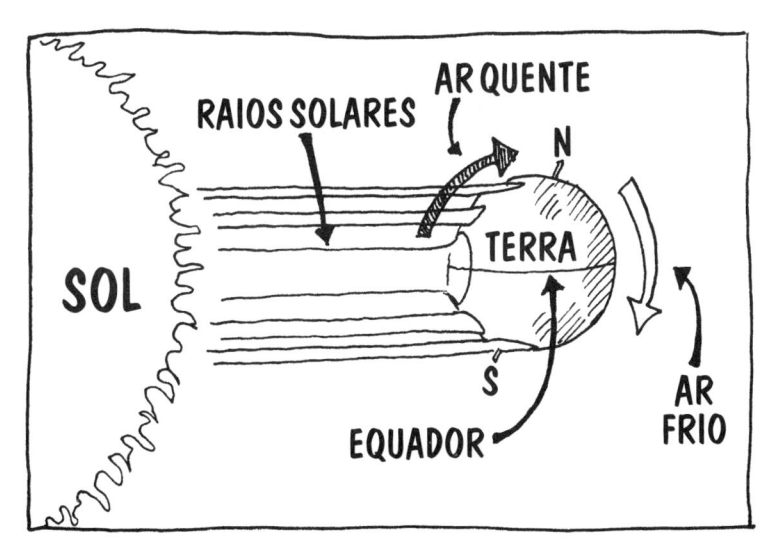

Tempo ruim faz seu jardim crescer

> RELÂMPAGOS TRAZEM BOAS NOTÍCIAS PARA OS JARDINEIROS. ELES MISTURAM NITROGÊNIO E OXIGÊNIO DO AR, DISSOLVENDO-OS NA CHUVA. ESTA CAI E PENETRA NO SOLO, ONDE SE TORNA UM FERTILIZANTE FANTÁSTICO PARA AS PLANTAS SEDENTAS. TEMPESTADES NÃO SÃO ÓTIMAS?

Não apenas o seu jardim, mas também as plantações de fazendeiros em todo o mundo são beneficiadas. Tempestades provocam enormes quantidades de chuva; e onde estariam as plantações e os humanos sem isso? Nós também não teríamos o que beber ou com que tomar banho (o que você pode achar uma boa ideia). Está certo que mesmo coisas boas em excesso fazem mal – lembra-se das chuvas desastrosas do furacão Mitch? Mas a falta de chuva também é um desastre. A chuva é tão essencial que alguns povos adoravam-na como a um deus. O ameaçador deus asteca da chuva era o tempestuoso Tlaloc, que vivia nos céus. Tlaloc mantinha a chuva em quatro jarros enormes. Ele os atirava lá para baixo quando a Terra precisava de água. Que temperamento!

O tempo ruim criou a vida na Terra. Sério! Cientistas nos Estados Unidos dispararam raios artificiais em uma mistura de gases semelhante à da atmosfera. Pronto! Isso produziu substâncias chamadas aminoácidos, que são considerados os tijolos com que se constrói toda a vida na Terra. E, por falar em muito tempo atrás, às vezes são achados veios fossilizados de raios, que se parecem com vidro esverdeado. (O nome bacana para essas coisas é "fulgurito".) Eles surgem quando os raios atingem o solo.

QUAL DELES É O FÓSSIL?

FATOS TEMPESTUOSOS

Outros planetas também têm sua quota de tempo ruim. Veja Júpiter, por exemplo. A Grande Mancha Vermelha em Júpiter é uma megatempestade. Ela tem 40 mil quilômetros de comprimento e 14 mil quilômetros de largura, o tamanho de um país muito grande! E ela começou há pelo menos um século! (Nem mesmo seu professor era vivo quando ela surgiu!) Tempestades no violento planeta Vênus fazem chover ácido sulfúrico forte o suficiente para dissolver rochas. Seu guarda-chuva não teria chance lá. É de estranhar que ninguém more lá?

Aquecimento global?

É bom que as tempestades tenham alguns lados positivos, porque parece que elas vão ser mais comuns no futuro. Isso se deve – muito bem, você adivinhou – às coisas que nós, humanos horríveis, temos feito para bagunçar a atmosfera. E o que é que estamos fazendo com o clima? Para começar, estamos provocando o assustador efeito estufa.

E o que é o efeito estufa?

Menos da metade do calor do Sol chega ao solo da Terra. Grande parte dele é absorvido em sua passagem pela atmosfera. Mas a Terra permanece quente e acolhedora porque gases em nossa atmosfera impedem que o calor se dissipe no espaço sideral. Se não fosse assim, todo o planeta ficaria coberto de gelo – o que seria ótimo para patinar, mas... o tempo todo? Esses gases funcionam mais ou menos como as paredes de vidro de uma estufa, que permitem que o calor entre, mas dificultam sua saída. Por isso chamamos a esse fenômeno de efeito estufa.

Então, qual é o problema?

O problema é que a quantidade de gases estufa na atmosfera tem aumentado. Tanto que está tornando a Terra quente demais. Os cientistas não conseguem definir exatamente quanto mais quente o mundo ficará. Eles supõem que a Terra estará 2 °C mais quente até o ano 2050. Isso não parece muito, mas pode ser desastroso. Ainda que o planeta fique só um pouquinho mais quente, isso pode significar tempo mais tempestuoso. Podem ocorrer mais chuvas e mais tempestades. E se os oceanos ficarem mais quentes, vão existir mais lugares onde furacões poderão se formar.

De quem é a culpa?

A má notícia é que nós – os humanos horríveis – somos os culpados. Saiba por quê: O principal causador do efeito estufa é o dióxido de carbono – um gás. É isso que você expira durante a respiração. Ele também aparece nos gases dos escapamentos de carros e caminhões, na poluição de fábricas e usinas termoelétricas e nas queimadas. Nós despejamos toneladas de dióxido de carbono na atmosfera. Existe também os CFCs (clorofluorcarbonos), usados em geladeiras e aerossóis (como nos tubos de inseticidas), e o fedido metano, liberado nos lixões e nos arrotos e (vamos ser honestos) "pums" de vacas. Que cheiro ruim!

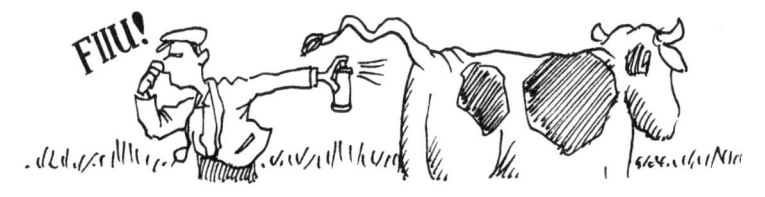

O que podemos fazer?

A única coisa a se fazer é jogar limpo! Precisamos parar de queimar combustíveis como carvão, óleo e madeira, que produzem gases repulsivos. E usar combustível não fóssil em nossos carros. Mas você não precisa parar de usar desodorante, felizmente. Hoje em dia, a maioria dos aerossóis não é nociva ao meio ambiente, pois não contêm CFCs. Governos em todo o mundo concordaram em realizar ações para limpar o planeta – embora alguns países importantes ainda não tenham ratificado o acordo. Desde o ano 2000, as empresas recebem certificados que informam quanto dióxido de carbono elas deixam de jogar na atmosfera. Isso é só um começo, temos um longo caminho a percorrer.

É tudo SUA culpa!

Algumas pessoas sentem que precisam encontrar alguém para culpar pelo tempo ruim. Quando o El Niño – uma corrente de água quente – começou a provocar confusão, o coitado do Sr. Al Niño recebeu um monte de reclamações e acusações. Tudo bem, as cartas a seguir foram inventadas, mas os fatos nelas são verdadeiros.

Arkansas, EUA
1998

Prezado Sr. Niño,

Escute aqui, meu amigo, o que você pensa que está fazendo? Desde a primeira vez que ouvi seu nome tem havido problemas, só problemas. Isso mesmo, Problemas com P maiúsculo.

Há quatro meses que só temos chuva, chuva e mais chuva. E tempestade após tempestade, como nunca vimos antes. Veja, eu sou um homem justo – pode perguntar aos meus amigos –, mas estou no limite da minha paciência. Esse tempo ruim já arruinou toda a minha plantação de milho, para não falar nas dos meus vizinhos e amigos. Isso é muito sério. Nossas plantações são nosso sustento. E a culpa é SUA!

Quando é que isso tudo vai acabar? Agora pare de fazer o que está fazendo e nos deixe em paz. Ou aguente as consequências.

Nervosamente,
Sr. Zangado
Arkansas

CALIFÓRNIA, EUA
1998

PREZADO SR. ZANGADO,

MUITO OBRIGADO POR SUA CARTA. SINTO MUITO POR TODAS AS DIFICULDADES QUE O SENHOR TEM ENFRENTADO. ESPERO QUE EM BREVE A SITUAÇÃO MELHORE. MAS RECEIO TER DE DIZER AO SENHOR QUE SEUS PROBLEMAS NÃO TÊM NADA A VER COMIGO. REALMENTE, NÃO É CULPA MINHA QUE ESTEJA CHOVENDO.

AGORA, PERGUNTO-ME SE O SENHOR NÃO ME CONFUNDIU COM ALGUÉM, OU ALGO. ALGUMAS PESSOAS ME CONFUNDEM COM O EL NIÑO, MAS MEU NOME É AL NIÑO, QUE É UM APELIDO DE ALFONSO. EL NIÑO, PELO QUE SEI, É UMA CORRENTE DE ÁGUA ANORMALMENTE QUENTE QUE APARECE PRÓXIMO AO LITORAL DA AMÉRICA DO SUL. EL NIÑO SIGNIFICA CRIANÇA, EM ESPANHOL. NESTE CASO, SIGNIFICA UM BEBÊ, COMO JESUS, PORQUE SURGE NO NATAL.

QUANTO A MIM, SOU UM PILOTO NAVAL APOSENTADO, MORO NA CALIFÓRNIA. E, SE ISSO O FIZER SENTIR-SE MELHOR — EMBORA EU ACHE QUE NÃO VAI —, SAIBA QUE ESTE ANO O EL NIÑO ESTÁ PROVOCANDO DEVASTAÇÕES EM TODO O MUNDO, NÃO SÓ NO ARKANSAS.

Acontece o seguinte: o El Niño faz os ventos soprarem no sentido errado, o que faz mais água evaporar dos oceanos, o que, por sua vez, faz mais nuvens de tempestade formarem-se. Assim, lugares secos estão recebendo mais chuva, enquanto lugares que normalmente contam com chuva estão passando por secas.

Suponho que isso não traga nenhum alívio para o senhor, mas talvez queira saber que o El Niño também tem provocado recordes de chuva e enchentes na Europa e no Peru, bem como gerado tornados na minha região. Meus próprios tomates de exportação têm sofrido muito. Para sermos honestos, contudo, o número de furacões caiu pela metade.

Tenho certeza de que o tempo bom está a caminho.

Cordialmente,
Al Niño

UM FUTURO TEMPESTUOSO?

Então o tempo vai ficar pior? Ou toda essa coisa de aquecimento global é apenas uma tempestade num copo d'água? A surpresa é que até mesmo os geógrafos não entram em acordo. Ouça estes três especialistas e decida-se você mesmo. Alguns geógrafos dizem que:

> AS COISAS SÓ VÃO PIORAR. O FUTURO TERÁ MAIS TEMPESTADES, E É TUDO CULPA DO AQUECIMENTO GLOBAL. ELE FARÁ NOSSAS TEMPERATURAS SUBIREM 2-3 °C, CAUSANDO TEMPESTADES AINDA MAIS DESTRUIDORAS DO QUE AS QUE JÁ VIMOS. NÃO HÁ VOLTA, TEREMOS DE ENFRENTAR UM FUTURO HORRÍVEL. TRISTEZA, DESTRUIÇÃO, VAMOS TODOS MORRER!

> TÁ, TÁ, O AQUECIMENTO GLOBAL PODE TRAZER UM MONTE DE PROBLEMAS, MAS AINDA NÃO PODEMOS DIZER SE ISSO VAI AFETAR NOSSO CLIMA NO FUTURO – JÁ É DIFÍCIL PREVER COMO VAI SER O TEMPO DEPOIS DE AMANHÃ. PODE SER QUE TENHAMOS MAIS TEMPESTADES, MAS TAMBÉM PODE SER QUE NÃO. O TEMPO É TÃO IMPREVISÍVEL QUE PROVAVELMENTE NÃO SERÁ TÃO RUIM COMO VOCÊ PENSA. RELAXE, ACALME-SE. TUDO VAI FICAR BEM!

E outros geógrafos ainda dizem que:

> É CLARO QUE, SE VOCÊ TEM ACOMPANHADO OS REGISTROS DO CLIMA COM CUIDADO, SABE QUE AS TEMPESTADES TÊM CICLOS. OCORREM 30 ANOS DE FURACÕES REALMENTE HORRÍVEIS SEGUIDOS POR 30 ANOS DE CALMARIA. BEM, OS ATUAIS 30 ANOS DE CALMARIA ESTÃO ACABANDO. ASSIM, PODEMOS ESPERAR TEMPOS REALMENTE TEMPESTUOSOS – PRINCIPALMENTE NAS REGIÕES SUJEITAS A FURACÕES. MAS ISSO, COM CERTEZA, NÃO VAI MUDAR NOSSO CLIMA PARA SEMPRE. VAMOS PROVIDENCIAR AQUELES ABRIGOS DE FURACÃO?

Humm! Em quem devemos acreditar? Só podemos ter certeza de que o tempo ruim é horrivelmente imprevisível. Podemos fazer medições, registros, sondagens e experiências até ficarmos zonzos. Então, quando achamos que conhecemos um pouco sobre o tempo, acontece algo totalmente inesperado. E é isso que o torna tão horrivelmente interessante.